헤른후트 형제단 보물

헤른후트 형제단 신학교육 주제별 지침서

우리의 어린양께서 승리하셨도다.
함께 주님을 따라갑시다!

페터 포그트 편집
세계 헤른후트 형제단 신학교육위원회 위임
김상기, 홍주민 옮김

Our Moravian Treasures
A Manual of Topics for Theological Education
of the Unitas Fratrum

Edited by Peter Vogt
on behalf of the Task Force on Theological Education
of the worldwide Moravian Church

Copyright@2019 by worldwide Moravian Church Church Unity Office
Christiansfeld, Denmark

All rights reserved

Published by
OroRex Forlag
6070 Christiansfeld
Denmark

ISBN 978-87-7068-168-1

헤른후트 형제단 보물
헤른후트 형제단 신학교육 주제별 지침서

2019년 세계 헤른후트 형제단 신학교육위원회 위임
페터 포그트 편집
김상기 홍주민 옮김
2020년 12월 30일

펴낸곳 한국디아코니아연구소
주 소 (우)18113 경기도 오산시 내삼미로 110 1807-803
       TEL. 070-8704-2666   FAX. 031-8058-3487
등록번호 25100-2006-13

ISBN 979-11-87633-06-8

CONTENTS

들어가면서 — 9
    우리의 보물을 발견한다는 것

1. 헤른후트 형제단 이해 — 21
    1.1. 헤른후트 형제단 세계 — 22
    1.2. 헤른후트 형제단 사람들은 누구인가? — 24
    1.3. 헤른후트 형제단 가계도 — 26
    1.4. 함께 공유하는 역사 — 27
    1.5. 이름의 의미 — 33
    1.6. 세계를 향한 미래 — 35

2. 우리를 함께 연결하는 고리 — 39
    2.1. 그리스도 – 수석 장로 — 41
    2.2. 상징들 — 43
    2.3. 헤른후트 형제단의 교회 규정 — 46
    2.4. 감독직 — 48
    2.5. 헤른후트 형제단의 조직 구조 — 48

  2.6. 공유하는 프로젝트와 전달체계   49
  2.7. 헤른후트 형제단 기도   52
  2.8. 헤른후트 형제단 매일 말씀묵상(로중)   54
  2.9. 기념일   57

3. "모든 것 가운데 사랑": 신학에 대한 헤른후트 형제단의 접근   61
  3.1. 성서에 기반하여 그리스도를 따름   62
  3.2. 필수적인, 목회적인, 부수적인 것들의 차이   63
  3.3. 구원자로서 그리스도를 앎   67
  3.4. 마음의 종교   70
  3.5. 헤른후트 형제단의 강령   71
  3.6. 성서 해석   75
  3.7. 필수적인 연합, 필수적이 아닌 자유 안에서, 모든 것 안에 사랑   77

부록 – 헤른후트 형제단의 강령   83

4. "공동체가 아닌 그리스도교는 없다"-교회에 대한 헤른후트 형제단 이해   89
  4.1. 그리스도안에서의 형제자매   89
  4.2. 교회에 대한 헤른후트 형제단의 관점 중 중요한 면   90
  4.3. 헤른후트 형제단 공동체 회합   94
  4.4. "형제들의 동의"   96
  4.5. 약정과 소속의 형태   98
  4.6. 협의회와 총회 지도부   102
  4.7. 다른 교회들과의 관계   104

5. "서로 섬기라" - 헤른후트 형제단의 목회자 이해 — 109
- 5.1. 모든 신자의 사제직 — 109
- 5.2. 안수 받은 목회자 — 111
- 5.3. 목회에서의 여성 역할 — 113
- 5.4. 감독의 목회직 — 116
- 5.5. 평신도 목회의 형태들 — 117
- 5.6. 가운 사용과 복장에 대한 다른 질문들 — 118
- 5.7. 영혼 돌봄에 대한 강조 — 119
- 5.8. 토착 목회자의 중요성 — 120

6. "한 마음으로 하나님을 기쁘시게 합시다"
: 예배에 대한 헤른후트 형제단의 접근 — 125
- 6.1. 헤른후트 형제단 예배의 정의 — 126
- 6.2. 성서적 기초 — 131
- 6.3. 헤른후트 형제단 예배 전통의 보물들 — 132
- 6.4. 교회력에 따른 특별 기념일들 — 140
- 6.5. 헤른후트 형제단의 성소와 하나님의 영지 — 145

7. "하나님의 이야기를 말함-하나님의 일을 행함"
- 선교와 디아코니아(사회적 목회)에 대한 헤른후트 형제단의 관점 — 151
- 7.1. 헤른후트 형제단 선교의 시작 — 152
- 7.2. 친첸도르프의 선교 접근 — 155
- 7.3. "첫 열매" — 159
- 7.4. 선교사역의 진전 — 160

7.5. 헤른후트 형제단 선교의 현재 ──────────── 164
7.6. 21세기 헤른후트 형제단 선교 원칙들 ──────── 167
7.7. 헤른후트 형제단 사역들: 섬김과 도움행동 ───── 174
7.8. 사회적 정치적 행동 ───────────────── 178
7.9. "선교는 우리의 정체성이다" ─────────── 180

결언: 미래를 향한 제언 ──────────────── **183**

들어가면서

"어린 양을 따르자" 헤른후트 형제단 문장에 나오는 이 문구는 이 지침서가 서술하고자 하는 모든 것을 담고 있다. 그리스도인으로 우리가 부름을 받았다는 것은 예수 그리스도의 제자가 된다는 것이다. 우리는 죄와 죽음을 이기시고 우리에게 하나님 나라에 이르는 길을 보여주신 우리의 구원자를 따르는 이들이다. 이 길은 외로운 길이 아니다. 헤른후트 형제단 교회 안에서 그리스도인으로서 우리는 서로 함께 공동체로 부름을 받았고 형제자매의 친교 속에서 그리스도의 길을 따르는 것을 함께 모색한다. 그리고 우리는 신앙의 여정을 걸어가면서, 능력이 있는 지도자가 길을 인도할 필요가 있다는 것을 안다. 우리는 가는 방향과 길에 대해 알고 있는 전문가가 필요하다. 이러한 것은 교회안의 목회자와 교사의 역할이다.

이 지침서는 예수 그리스도의 제자들이 되라는 부름이 헤른후트 형제단 전통 안에서 어떻게 실행되었는가에 대한 필수적인 정보를 제공하고자 서술되었다. 이 문서는 목회자나 교회의 전문 실무자뿐만 아니라 신학생과 교사들에게 헤른후트 형제단의 신앙과 삶의 가장 중요한 주제들에 대한 전문적인 정보를 제공하고자 한다. 헤른후트 형제단 교회는 항상 신학교육의 중요성을 강조해왔다. 헤른후트 형제단 교회 목회자나 교회 행정가들은 헤른후트 전통에 대해 알 필요가 있다. 그들은 우리보다 먼저 길을 걸어갔던 신앙인들로, 증언과 경험으로부터 지혜를 전하는 영적인 "보물"을 담지한 청지기들이다. 우리는 헤른후트 형제단 전통이 그리스도인의 소명에 대해 아주 유용하고 가치있는 안목을 제공한다고 생각한다. 더 나아가 우리는 오늘 우리가 예수 그리스도를 따르려고 할 때 이 형제단 전통을 신뢰할 수 있다고 믿는다. 동시에, 우리는 급변하는 세계 속에서 전통과 교회 실천이 새로운 세대에게 의미있는 것이 되려면 종종 재해석되고 갱신되어야 한다는 사실을 알고 있다. 이러한 것은 우리에게 전해진 "보물"의 청지기인 교육받은 교회 지도자들에게 부여된 특별한 책임이다.

헤른후트 형제단으로서 우리는 "어린 양을 따르라"는 부름을 받는다. 헤른후트 형제단 문장(紋章)은 승리하신 어린 양을 보여준다. 이러한 상(像)은 형제와 자매로서 부름받은 형제단의 상징이다. 헤른후트 형제단이 있는 곳에는 이런 문장과 말씀이 발견된다: "우리의 어린 양께서 이기셨으니 그를 따르자." 그렇지만 상(像)의 다양함은 형제단의 다양성을 보여준다. 이 상(像)은 여러가지 방식으로 다양하게 표현되는데, 이것은 다양한 문화적 상황과 지역적 전통들을 반영한다. 그리고 보다 일반적으로 헤른후트 형제단의 삶 전반에 대해서도 그렇게 말할 수 있다. 우리는 하나의 공통된 전통을 갖고 있는데, 그 전통은 사람들이 살고있는 문화적 인종적 상황에 따라 서로 다르게 다양한 방식으로 표현된다.

지침서의 목적

지침서는 헤른후트 형제단 전통에 대한 기본 지식을 제공하고 이 전통이 서로 다른 지역에서 어떻게 다양한 형태로 발현되었는지 알도록 하는 것에 목표를 둔다. 세계 헤른후트 형제단 연합은 한 몸에서 자라나 많은 가지로 연결된 하나의 나무와도 같다(1.3 참조). 따라서 이 지침서는 전 세계에 흩어져 있는 형제단의 구성원들이 가지고 있는 공통의 것을 개괄하고 우리 가운데 존재하는 다양성을 보여주고자 한다. 이 지침서는 헤른후트 형제단 교회에 대해 알고자 하는 모든 이들을 위해 저술되었지만, 특별히 우리 모임 안에서 목회자가 되고자 하는 신학생들과 교사나 평신도 지도자 그리고 교회 행정 전문가로 헌신하고자 하는 이들을 위해 만들어졌다. 이 지침서가 이러한 자매 형제들이 우리 교회의 정체성을 나타내는 헤른후트 형제단 "보물들"과 친밀해지는 데에 도움이 되기를 바란다. 그러한 보물들은 우리가 예수 그리스도를 따르는 헤른후트 형제단의 길을 더 잘 알고 더 깊이 이해하게 했다.

그러한 교육의 필요는 2010년 수리남 파라마리보에서 열렸던 헤른후트 형제단 신학 교육 지도자 회의에서 구체화되었다. 당시 여러 지역에서 참여한 이들은 그들의 전문적인 경험을 나누었고 헤른후트 형제단 전통에 대한 더 나은 교육 자료가 긴급하게 필요함을 인식하게 되었다. 그들은 아래의 목표를 위해 기획된 "헤른후트 형제단 주제들에 대한 공동의 교과과정" 이라는 프로젝트에 동의하였다:

(1) 중요한 헤른후트 형제단 주제에 대한 공고한 이해를 제공함으로 헤른후트 형제단의 정체성을 강화한다.
(2) 특별히 정규적인 학습에 접근할 수 없는 이들에게 실제적으로 필요하면서 적절한 내용을 제공해야 한다.
(3) 서로를 연결하고 우리의 공동의 뿌리들과 연결한다.

"공동 교육과정"은 헤른후트 형제단 연구에 대한 최고의 전문가들과 학자들을 통해 진행되어야 하며 개별적인 주제 발표는 다양한 지역에서 일어나는 헤른후트 형제단 경험의 다양성을 고려해야 한다는 입장에 동의하였다.

2010년 10월 수리나메, 파라마리보, 헤른후트 형제단 신학교육 회의

보물의 발견

파라마리오 회의에서 진행된 토론에서는 헤른후트 형제단 전통이 우리가 주 예수 그리스도의 약속과 부르심을 따라 하나님의 백성으로 살아가고자 할 때 우리에게 지속적으로 관련성이 있는 여러 중요한 영적인 통찰을 제공해줄 수 있음을 확인되었다. 회의에 참여한 한 사람으로 요약해서 말하자면, 이러한 통찰은 우리 교회의 "보물들"과 같고, 이것들을 지키고 새로운 신앙세대들에게 전하는 것이 우리의 소명이다. 이런 이유로, 이 지침서는 헤른후트 형제단 보물이라는 제목을 갖게 된다. 우리는 헤른후트 형제단 전통의 독특한 모습들 하나하나가 성서에 대한 깊은 헌신과 유용한 목회적 지혜를 담아낸 "보물"같은 것이라고 믿는다. 이 지침서에 소개된 주제들은 한편으로는 성서의 가르침이 어떻게 실천되어야 하느냐는 질문에 응답이었고, 다른 한편 그것들은 목회적 필요에 의해 형성되었고 공동체의 영적 생활의 진전시켜 왔다. 결론적으로 많은 헤른후트 형제단의 실천과 전통은 중요한 신학적 통찰들을 담고 있다. 우리는 우리가 미래를 위해 헤른후트 형제단의 강한 정체성을 확립하려고 할 때 헤른후트 형제단 보물이 우리가 서 있을 든든한 기초와 그 위에서 앞으로 나아갈 비전을 제공해주리라 믿는다.

흥미롭게도, 헤른후트 형제단 주제들에 대해 "보물들"이라고 말하는 것에는 18세기 헤른후트 형제단 지도자인 친첸도르프 감독의 사상이 반영되어 있다. 그는 언젠가 하나님께서 각 그리스도교 교단에 특별한 "보석"을 맡기셨는데, 이 보석은 다른 누가 지키고 보존할 수 없다고 했다. 하나님 지혜의 풍성함이 교단의 다양성으로 나타나 있으므로 각각의 전통은 각자의 특별한 선물과 보물들을 보존하여 서로 다른 모든 교회들이 서로에게서 상호 유익을 얻도록 해야 한다. 따라서 헤른후트 형제단 보물을 학습하고 보존하는 것은 우리 자신이 다른 교회와 교단으로부터 분리되는 것을 의미하는 것이 아니라 오히려 보다 넓은 에큐메니칼 상황에서 우리만의 특별한 기여가 무엇인지 인식하는 데에 도움을 준다.

보다 더 중요한 것은, 우리가 헤른후트 형제단 주제들을 "보물"이라고 말할 때 그 말이 성서에 뿌리를 두고 있다는 사실이다. 예수는 종종 하나님 나라를 값진 보물에 비유한다. 이처럼 우리는 우리 교회 전통을 다룰 때 지침이 될 수 있는 몇 가지 성서적 통찰을 얻을 수 있다.

* 예수는 우리에게 "하늘에 보물"(마태 6:20)을 쌓으라고 한다. 헤른후트 형제단 보물은 우리를 좋은 그리스도인이 되도록 도와주기 때문에 가치가 있다. 따라서 헛된 우상이 될 수 없다. 그것들은 영적인 통찰을 전달해준다. 그 보물들은 그리스도를 믿는 우리의 신앙을 표현하고 하나님 나라를 향하게 한다. "너의 보물이 있는 곳에 너의 마음도 있다"(마태 6,21).

* "감추어진 보물"(마태 13:44-46) 비유는 때로는 보물들이 땅에 묻혀있어서 상당한 노력을 기울이고 희생을 해야 찾을 수 있고 빛을 볼 수 있음을 우리에게 상기시켜준다. 헤른후트 형제단 전통 안에는 어떤 보물이 감추어져 있는가? 그 의미를 재발견하고 그로부터 유익을 얻으려면 우리는 무엇을 해야 하는가?

* 달란트 비유(마태 25:14-30)는 보물을 숨기지 말고 하나님 나라를 위해 유익하게 사용하도록 경각심을 준다. 우리는 하나님의 선물을 맡은 선한 청지기가 되라고 부름을 받았다. 그래서 우리는 자신에게 다음과 같이 질문할 수 있다: 하나님이 헤른후트 형제단 전통을 통해 우리에게 맡겨주신 특별한 선물과 달란트는 무엇인가? 우리의 목회 현장과 선교 현장에서 그러한 것들을 사용할 어떤 가능성들이 있는가?

* 마지막으로, 사도 바울은 우리가 각기 질그릇 안에 보물을 간직하고 있음을 일깨워준다(고후 4:7). 교회의 다양한 전통과 실천이 우리의 정체성을 신앙 공동체로 표현하고 있지만, 여전히 그러한 것들 속에는 이 땅에 사는 인간 존재의 불완전함이 남긴 흔적이 있음을 안다. 깊은 영적인 지혜를 구현했다

고 믿는 그 보물들은 순수한 형태로 존재하지 않는다. 항상 선한 것과 악한 것, 영원한 것과 일시적인 것이 함께 섞이어 있다. 따라서 우리는 그러한 한계에도 불구하고 보물을 제대로 알고 영적으로 깊이 이해하기 위해 지속적으로 노력해야 한다(로마 12:2).

이 지침서는 어떻게 활용하는가?

이 지침서는 신학교육을 하며 헤른후트 형제단 주제들을 가르치는 데에 도움을 주기 위하여 작성되었다. 이 지침서는 교사용 자료집이나 학생들의 교재로 사용될 수 있다. 가장 좋은 것은 모든 헤른후트 형제단 목회자들과 헤른후트 형제단 교회에서 목회를 하려고 준비하는 사람들이 모두 이 지침서를 소장하는 것이다.

교사는 강의 지침으로 각 장을 사용할 수 있다. 만약 모든 학생이 이 지침서를 가지고 있다면, 그들에게 이 지침서로 독서과제를 제시할 수 있다. 또 하나의 방법은 강의실에서 본문을 나누어주고 학생들이 돌아가며 소리 내어 읽고, 교사가 질문하고 발언하게 하면서 토론을 이끄는 것이다. 또는 교사들이 학생들에게 지침서의 내용에 기초해서 특정한 주제들을 발표하도록 준비시킬 수도 있다.

이 지침서를 학습하는 목적은 학생들이 이 내용에 친숙해지고 헤른후트 형제단 전통의 여러 주제들과 다양성을 이해하게 하는 것이다. 또 다른 목적은 그들이 읽은 것에 대해 성찰하고 자신들의 상황에서 목회 사역의 과제에 이 자료를 적용하는 방법을 익히는 것이다. 이런 이유로, 우리는 이 지침서가 사용되는 강의실이나 다른 자리에서 토론이 활발히 이루어지기를 바란다. 각 장의 말미에는 토론을 위한 몇 개의 질문들이 제시되어 있다. 세 번째 목적은 교사와 학생이 사용가능한 다른 자료들을 활용해서 헤른후트 형제단 주제를 계속 학습하도록 동기를 부여하는 것이다. 때문에 계속되는 독서를 위해 중요한 문서들이 참고문헌에 수록되어 있다. 독자들은 많은 자료들을 온라인, 특히 헤른후트 신학교 헤른후트 연구센터를 통해 볼 수 있다(www.moravianseminary.edu/center-moravianstudies/online-resources). 더 나아가 우리는 독자들 모두가 지역 교회 지도자들의 소리를 듣고 지역에서의 실천과 전통들에 대한 정보를 수집하면서 그들의 지역 상황에서 헤른후트 형제단의 주제들을 탐구할 것을 권하고 싶다.

개별 헤른후트 형제단의 주제들 사이에는 중요한 연결점들이 많다. 예배는 목회와 관련이 있고 선교는 신학과 관련이 있고, 역사는 공동체 이해와 관련된다. 종종 하나의 주제는 한번에 여러 장소와 관련된다. 반복을 피하기 위해, 우리의 토론은 중요한 정보들을 다른 지역에서 찾을 수 있으면 언제나 비교하면서 참조할 것을 권한다. 이것은 단순히 방법적인 문제가 아니라 그 이상의 것이다. 그것은 신앙과 교회생활의 다양한 주제들을 이해하는 일을 우리가 함께하고 있다는 표식이다.

이 지침서가 헤른후트 형제단 전통의 모든 것을 설명할 수 없다는 것은 분명한 사실이다. 지침서는 우리가 중요하다고 생각했던 주제들을 담고 있고 학자들의 서적과 논문에서 찾은 정보들을 요약해서 제공한다. 우리는 지침서가 헤른후트 형제단 전통을 더 잘 이해하는데 안내자 역할을 해주기를 고대한다. 왜냐하면 우리는 이 전통이 하나님의 특별한 선물이고 더 잘 알려질 가치가 있다고 믿기 때문이다. 동시에, 우리는 이 지침서의 각 장들을 열린 마음으로 내어 놓는다. 하지만 최종적이고 확정적인 것으로서가 아니라 헤른후트 형제단의 "보물" 전통이 계속 진전하고 있기에 함께 대화에 참여하기를 바라며 초대장으로서 독자들께 드린다.

감사의 말

이 지침서는 거의 10년간에 걸쳐 만들어졌다. 기초작업은 2010년 파라마리보 회의에서 이루어졌다. 회의 참가자들은 헤른후트 형제단 교회의 삶에 대해 특별히 중요하다고 생각하는 몇 개의 주제들을 선정하였다. 그 후 작업은 국제 업무 추진단에 넘겨졌는데, 이를 위해 아프리카, 유럽, 카리브 지역 그리고 북미 출신의 사람들이 참여하였다. 이 지침서의 구상과 집필은 여러 지역출신의 헤른후트 형제단 학자들과 교회 지도자들을 포함하는 공동 작업이 되었다. 이 작업은 미국 베들레헴 헤른후트 형제단 연구센터 대표 목사인 크레이그 앤우드 박사와 독일 헤른후트 형제단 신학교육 대표이자 헤른후트 형제단 목사인 페터 포그트 박사가 조직하였다. 크레이그와 포그트는 파라마리보 회의의 결과를 정리하면서 지침서의 윤곽을 작성했다. 그리고 2012년과 2014년 미국 베들레헴에서 헤른후트 형제단 학자들과 교회 지도자들과 두 번의 국제회의를 가지면서 수정작업을 하였다. 수정작업을 위해 각 장의 초안이 제출되고 논의되었는데, 한번은 2014년 8월 탄자니아 므베야에서 개최된 탄자니아 헤른후트 형제단 신학교 교사들을 위한 세미나에서였고, 그 다음은 2015년 독일 헤른후트에서 열린 12개 형제단 신학교의 헤른후트 형제단 역사 교사들을 위한 국제 세미나에서였다.

2012년 10월 헤른후트 형제단 역사에 대한 베들레헴 대회와 연결된 첫 회합

2014년 8월 18일-29일 므베야, 탄자니아 신학교에서 헤른후트 형제단 모임

2015년 헤른후트, 헤른후트 형제단 신학교 국제세미나

우리는 이 회의를 통해 정보 교환을 할 수 있었다. 더 나아가 열려있고 정직한 토론을 할 수 있었던 것에 대해 감사드린다. 이 회의에서 우리는 우리 스스로가 크게 다르다는 것과 동시에 우리가 많은 공통점을 지니고 있다는 것을 알 수 있었다.

마지막으로 2017년 11월 완결판이 인쇄되었고 남아프리카 케이프타운에서 개최된 제 3회 헤른후트 형제단 선교대회 참가자들에게 공개되었다. 이 대회는 지금까지 거행되었던 대회중 가장 규모가 큰 헤른후트 형제단 국제 대회였다. 이를 통해 세계 형제단을 대표하는 각 지역의 교회 지도자들에게서 피드백을 받을 수 있었다. 이 대회에서 지침서는 압도적으로 긍정적인 평가를 받았고 대표들의 공식 승인을 얻었다. 이 대회 이후 몇 사람의 수정과 제안을 받고 마지막 버전을 결정하였다. 이처럼 이 지침서는 아주 오랜 과정의 결과물이고 많은 이들이 참여한 작품이다. 우리는 모든 분들께 감사를 표한다.

그 가운데서도 지침서의 여러 장들과 다른 자료들의 초안을 작성해주신 학자 분들께 특별히 감사드린다:

* 크레이그 애드우드 박사, 미국 베들레헴 모라비안 신학교 교회사 교수, 모라비안 연구센터 소장(3장),
* 위르겐 보이틀러 박사, 덴마크 크리스천펠트 모라비안 교단 목사, 헤른후트 형제단 연합회 행정부 대표(4장),
* 샘 그레이 감독, 북미 모라비안 교회 세계선교위원회 원조 선교 위원장(7장),
* 킹스레이 레위스 박사, 앤티가, 헤른후트 형제단 전임 의장, (헤른후트 형제단 역사 역사 개괄),
* 파울 포이커 박사, 미국 베들레헴 헤른후트 형제단 아키브의 전문가(형제단 아키브),
* 안드레아스 타쉐 목사, 독일 모라비안 선교회 대외협력부 대표(선교관련 자료),
* 페터 보이그트 박사, 유럽지역 신학교육 담당 대표, 헤른후트 형제단교회 협력목사(1,2,5장),
* 리디크 웨버 박사, 미국 베들레헴 모라비안 신학교 교목, 목회학 교수(6장).

이 자료들의 상당 부분은 헤른후트 형제단의 다양성을 반영하고 이 지침서의 전체적인 흐름에 맞도록 수정되었다. 또한 메리 캐티질리 목사(탄자니아), 엘리제 토이니센 목사(남아프리카), 카렐 아우구스트 목사(남아프리카), 디터 첼베거 목사(스위스)가 추가 자료들을 제공하였다. 더 나아가, 많은 온라인 자료들을 참고하였고 쓸 수 있는 자료들은 지침서 구성에 사용되었다. 그 가운데에는 동서 인도지역의 코어트로이 재비스 박사가 쓴 "헤른후트 형제단의 현재"(moravians.net/joomla/about-us/34-moravian-moments), 펜실바니아 베들레헴 헤른후트 형제단 아키브의 파울 포이커 박사가 연재한 "헤른후트 형제단의 역사"(www.

moravianchurcharchives.org/publications/month-moravian-history), 헤른후트 형제단 공식 웹사이트(www.unitasfratrum.org), 그 외에 개별적인 헤른후트 형제단 지역, 선교부 및 기타 헤른후트 형제단 단체들의 웹사이트 등이 포함된다.

지침서 프로젝트는 초반부터 헤른후트 형제단 재단의 넉넉한 재정 지원을 받았다. 이에 대해 우리는 깊은 감사를 드린다. 또한 우리는 헤른후트 형제단 신학교와 그에 소속된 PA(미국) 베들레헴 헤른후트 형제단 연구소의 지원에 감사드리고 이 프로젝트가 완성될 때까지 지원과 관심을 기울여준 형제단 위원회와 형제단 사업단 행정부에 감사드린다.

우리는 헤른후트 형제단에 속한 모든 이들이 형제단의 주제들을 학습하고 교육할 때 이 지침서가 도움이 되기를 바란다. 그리고 여러분들의 경험을 전해주시길 기대한다. 우리 주님께서 이 "보물"에 대한 여러분의 탐사를 축복해주시고 인도해주시길 간절히 바란다!

집필진을 대표하여 페터 포그트
헤른후트, 2019.5.26

토론을 위한 질문:
- 여러분은 헤른후트 형제단에 대해 무엇을 배우기를 바라는가?
- "어린 양을 따르자"라는 어구가 여러분에게 무엇을 의미하는가?
- 헤른후트 형제단 전통안에서 그리스도인이 된다는 것은 여러분에게 무엇을 의미하는가?
- 헤른후트 형제단 교회와 관련하여 여러분이 보물로 여기는 일들에 대해 말해 보시오.

제 1장

헤른후트 형제단 이해

이 장에서 여러분은 국제적 교단으로서 헤른후트 형제단에 관한 기본적인 정보를 알게 될 것이다. 여기에는 헤른후트 형제단 연합의 조직과 지정학적인 범주, 역사적 발전과 연합의 이름이 포함된다.

헤른후트 형제단(Moravian Church, Unitas Fratrum)은 약 40개 나라에 회원이 있는 국제적 교회이다. 형제단은 2019년 현재 24개의 독립적으로 운영되는 지역, 5개의 선교 관구, 여러 선교지역 그리고 연합 사업단이라 불리는 업무지역과의 협력체로 구성되어있다. 이 연합 사업단은 전체적으로 헤른후트 형제단 연합의 책임 아래 있다. "연합(Unity)"이라는 단어가 시사하는 것처럼, 세계에 퍼져있는 헤른후트 형제단 교회는 강한 유대감과 연결이 특징이다. 비록 각 연합관구가 개별적으로 높은 수준의 자치권을 가지고 있지만, 그들은 한편으로는 체코의 종교개혁과 헤른후트에서 형성된 공동의 뿌리로 함께 연결되어 있고 다른 한편 그들은 그리스도의 부름을 받아 서로 연관되고 세상에서 섬기고 증언하는 일에 연합하고 있다는 공동의 확신을 갖고 있다.

헤른후트 형제단(The Unitas Fratrum)은 중앙 행정단위같은 것은 없지만, 두 기구가 세계적 차원에서 지도적인 역할을 한다. **헤른후트 형제단 총회**(Unity Synod)는 전체 교회를 대표하고, 현재 7년마다 총회를 개최한다. 총회는 일반규정 아래 놓여있고 총회 기금을 운용한다. 그리고 국제 형제단 연합에서 할당된 사

> 이 장의 초안을 작성해주신 페터 보이그트 박사와 추가 자료와 중요한 통찰들과 유용한 조언과 교정 등으로 초안 개정에 도움을 주신 모든 분들께 깊은 감사를 드린다.

업을 진행한다. **헤른후트 형제단 위원회(The Unity Board)**는 총회 다음으로 국제 형제단 연합 위원회로 역할을 한다. 위원회는 총회에 의해 운영되는데, 각 지역의 지역위원회의 구성원으로 이루어진다. 연합위원회 행정부 사무소는 위원회를 위한 행정적인 지원을 하고 연합회 전체 차원에서의 다른 업무뿐만이 아니라 결정에 대한 집행을 한다. 헤른후트 형제단 교회 규정(COUF)는 국제적인 연대체로서의 헤른후트 형제단 교회를 위한 법적인 토대를 제공한다. 헤른후트 형제단에 연결된 다른 단위들은 2장에서 좀 더 자세히 설명된다.

2019년 현재 헤른후트 형제단은 대략 120만 여명의 구성원으로 구성되어 있고, 약 1,700개의 회중모임(congregation)과 약 1,670명의 안수받은 목사가 있다.

2009년 런던 연합회 총회 단체사진

1.1 헤른후트 형제단 세계

헤른후트 형제단은 세계적인 교단으로 5개의 다양한 대륙에 걸쳐 존재한다. 따라서 인종적인 면이나 문화적인 배경에 있어 아주 커다란 다양성을 내재하고 있다. 첨부한 지도는 가이야나(Guyane)가 아직 연합회 관구(Unity province)가 되지 않은 시점에 작성된 것으로, 현재 활동하고 있는 모든 헤른후트 형제단 공동체를 보여준다.

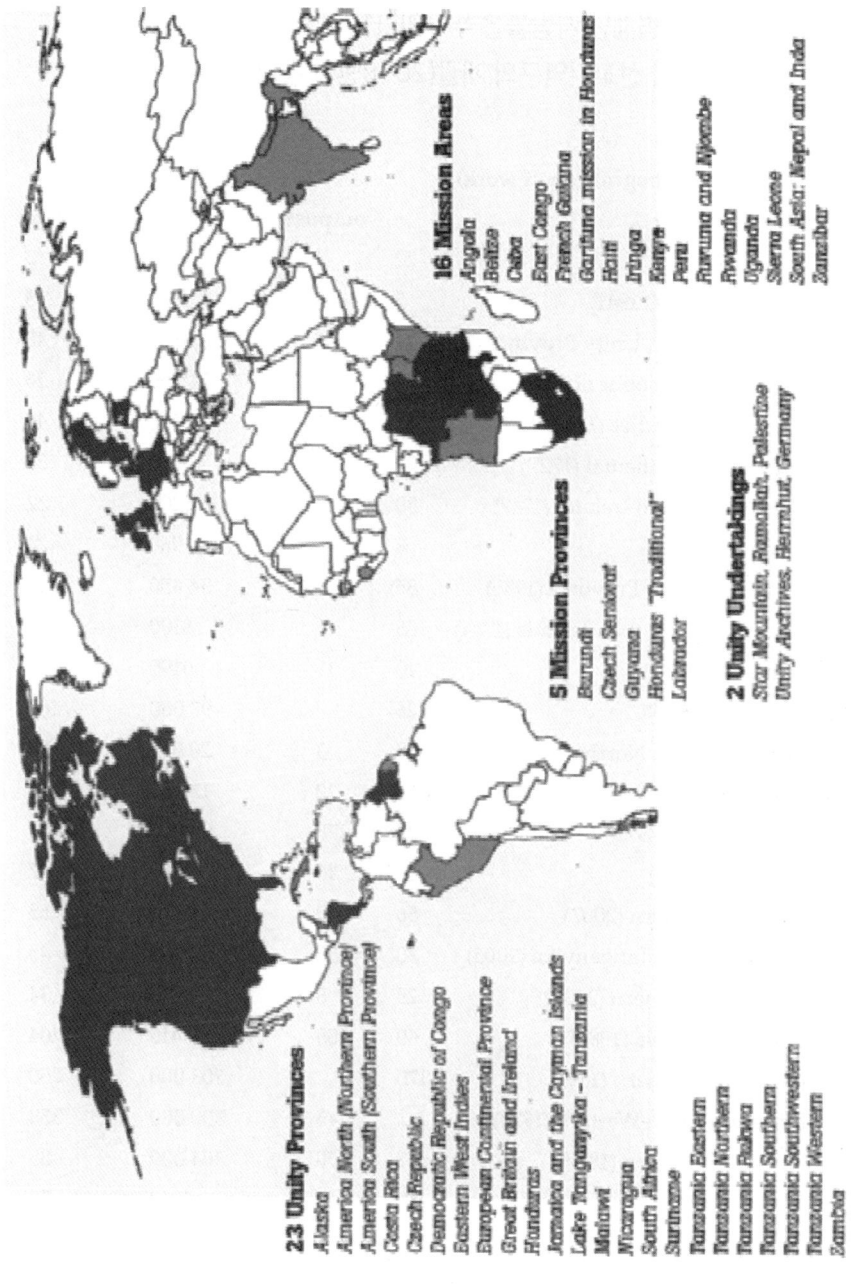

1.2. 헤른후트 형제단 사람들은 누구인가?
- 지역구와 선교지역구의 개괄(2018년의 통계에 기반함)

Unity Provinces (beginning of work) congregations		outposts	members	ministers
01	Alaska (1885)	22	3	1690	3
02	Costa Rica (1980/1941)	3	3	1900	5
03	Czech Republic, Unity Province (1862)	29	5	3800	48
04	Democratic Republic of Congo (2005)	80	20	21 500	26
05	Eastern West Indies (1732)	52	3	15 100	47
06	European Continental (1727)	24	29	14 530	51
07	Great Britain and Ireland (1742)	30	2	1200	22
08	Guyana (1835)	8	5	960	3
09	Honduras Unity Province (1930)	85		34 450	43
10	Jamaica and Cayman Islands (1754)	65	2	8100	34
11	Malawi (2007)	10	11	5190	5
12	Nicaragua (1849)	226		97 000	100
13	North America, Northern (1741)	89	3	20 530	98
14	North America, Southern (1753)	55	10	15 030	52
15	South Africa (1737)	87	178	98 000	68
16	Suriname (1735)	67	16	30 000	27
17	Tanzania, Eastern (2007)	56	10	28 510	58
18	Tanzania, Lake Tanganyika (2005)	30	135	32 100	43
19	Tanzania, Northern (2007)	25	8	3910	34
20	Tanzania, Rukwa (1986)	60	405	66 410	104
21	Tanzania, Southern (1891)	170		203 000	250
22	Tanzania, South-Western (1978)	211	45	300 000	358
23	Tanzania, Western (1897)	61	270	104 000	85
24	Zambia (1989)	17	49	5210	14
		1562	1212	1 112 120	1578

Mission Provinzes

01 Burundi ()	29	68	40 000	45
02 Cuba (1997)	8	15	600	8
03 Czech, Mission Province	9	7	650	10
04 Honduras, mission province	82		16 870	27
05 Labrador (1771)	4		1900	
	132	90	60 020	90

연합회 사업단
01 정신장애아동학교, 스타 마운틴, 팔레스타인
02 헤른후트 형제단 아키브, 독일 헤른후트

선교지(연합회 관구에 연계된 것과 참조하여)
앙골라(04), 벨리체(09), 프렌치 가이아나(16), 가리후나(09), 하이티(09+05), 케냐(23), 동부 콩고(18), 페루(13+14, 세계선교위원회), 르완다(23), 산시바(17), 시라 레오네(14), 남아시아[북인도, 네팔](07), 탄자니아, 이링가 지역(22), 탄자니아, 루부마/놈베 지역(21), 탄자니아, 남부 중앙(23), 우간다(23).

1.3 헤른후트 형제단 가계도

헤른후트 형제단을 이해하는 하나의 방법은 개별 부분이 나무처럼 연결된 것을 상상하는 것이다. 요한복음에서 예수는 제자들에게 말한다: "나는 포도나무요, 너희는 가지이다."(요한15:1-12). 이 말씀에 기반하여 18세기에 헤른후트 형제단은 형제단 가족 나무의 상(像)을 만들었다. 그 안에 모든 회중 모임, 선교지 그리고 중요한 역사적 사건이 묘사되어있다. 각각의 가지는 하나의 지정학적인 지역안의 헤른후트 형제단의 사업을 상징한다. 그들 모두는 그리스도이신 나무의 몸통으로부터 자라난다.

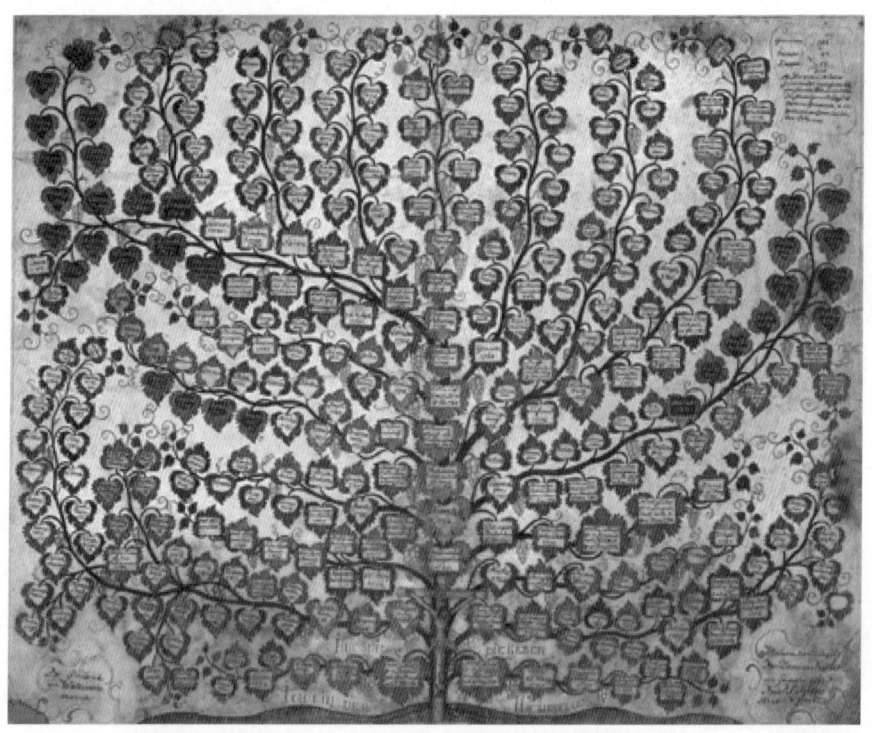

헤른후트 형제단 가족 나무 헤른후트 형제단 아키브 GS 702 제공

1.4. 함께 공유하는 역사

구약성서에서 우리는 이스라엘백성이 그들의 조상에 관한 이야기를 기억하기 위해 부름받은 많은 곳을 발견한다. 아브라함과 이삭 그리고 야곱의 이야기를 돌이켜 보면, 열두지파가 그들이 하나의 백성으로서 함께 속해있었다는 것을 알게 된다. 같은 방식으로, 오늘날 헤른후트 형제단은 형제단 연합의 개별 부분이 어떻게 함께 속해있는가를 이해하기 위하여 역사안에서 한 뿌리를 나누고 있다는 사실을 기억하도록 도울 수 있다.

형제단 교회는 개신교의 가장 오래된 교단 중 하나이다. 현재 헤른후트 형제단 구성원들은 서로 다른 나라들에 살고 있지만, 그들은 600년 전 얀 후스와 15세기 체코의 종교개혁으로 거슬러 올라가 공통의 역사적 기원을 자랑스럽게 나눈다. 1727년 독일 헤른후트에서 친첸도르프 백작(1700-1760)의 지도 아래 오래 전의 체코 전통을 재생한 것은 현대 헤른후트 형제단이 확산되는 출발점이 되었다.

1.4.1. 헤른후트 형제단 역사의 첫 시기는 이전의 연합 시대, 초기 형제단인 1457년으로 소급된다. 그 당시 초기 형제단은 그들 자신이 독립적인 그룹으로 구성되었다. 1620년대까지 가톨릭교회 지도부는 체코안의 형제단을 제도적으로 멸절하고자 했다.

초기 형제단은 보헤미아의 후스 혁명으로 그리스도인의 삶의 재생을 모토로 태동되었다. 후스 혁명은 프라하 대학의 교수이자 유명한 설교가였던 얀 후스(대략 1373-1415)가 중세 후기 가톨릭 교회의 타락을 비판한 이유로 1415년 콘스탄츠 공의회의 결정으로 순교를 당한 사건이었다. 그의 추종자들은 교회의 개혁을 위해 여  러 사안을 요구하였다: 복음은 민중의 언어로 자유로이 선포되어야 한다. 거룩한 성만찬에서는 두 개의 종류(포도주와 빵이 모든 이에게)가 제공되어야 한다. 교회

쿤발트의 역사적 모임 하우스

는 사도 시대의 순수성으로 돌아가야 한다.

    1457년 초기 형제단은 그레고리 형제(1474년 사망)의 지도 아래 초기의 작은 그룹이 복음의 가르침에 따라 공동체를 이루며 살았다. 그들은 보헤미아 북동부의 작은 시골마을인 쿤발트에서 형제단을 세우고 자신들을 "그리스도 법의 형제단"(fratres legis Christi)으로 불렀다. 형제단은 산상수훈을 그들의 지도원칙으로 삼고 준수하였다. 따라서 그들은 평화로이 훈련하는 삶의 방식을 받아들이며 맹세와 같은 것을 거부하고 군 복무를 거부하였다. 그들은 기존의 법을 어기고 종종 박해를 받으면서 도심지로부터 멀리 떨어진 지역에 사는 것을 선호하게 되었다. 1464년, 형제단은 공식적으로 공동체 원칙인 "리크노프 산의 협정서"를 문서화하는데, 이것이 첫 교회 규정이 된다. 몇 년 후, 1467년 형제단은 제도교회로부터 떨어져 나와 그들 자신의 성직자와 감독을 선출하였다. 그들은 형제단에 대한 박해에도 불구하고 보헤미아와 모라비아지역에서 함께하고자 하는 이들을 모았다. 하지만 형제단은 항상 소수자로 남아 있었고 전 인구의 5%이상을 넘지 않았다.

형제단의 그 다음으로 중요한 지도자는 필수적인 것과 목회적인 것 그리고 부차적인 문제 사이의 구분에 대한 신학적 성찰에 관련된 원칙을 도입한 프라하의 루가(1458-1528)이다(3장 참조). 그의 지도력 아래 형제단은 마르틴 루터 (1483-1546)와 1517년에 시작되었던 독일의 종교개혁의 다른 대표자들과 친밀한 접촉을 하였다. 16세기를 거치면서 형제단 연합은 계속해서 박해를 당하였지만 폴란드와 모라비아 지역에서 독일어를 사용하는 형제단 지류가 성장하였는데, 그들중에는 발도파의 후손들도 있었다. 그곳에서 처음으로 개신교 찬송가가 만들어졌고 다양한 신앙고백서와 교리문답서와 여섯권으로 이루어진 클라리스 성서 그리고 체코어 성서가 번역되어 출간되었다(1579-1594).

형제단은 1609년에 비로소 법적으로 인정된 문서를 발표하였다. 하지만 1620년 백산 전투에서 체코 개신교인들이 패배한 이후, 형제단은 심한 박해에 직면하게 되었다. 그 과정에서 어떤 이들은 추방되기도 하고 어떤 이들은 강제로 가톨릭으로 개종되기도 했다. 수천 명의 사람들은 보헤미아와 모라비아로 잠입하여 폴란드 지역으로 은신처를 찾아 나섰다. 그 가운데 젊은 성직자였던 요한 아모스 코메니우스(1592-1670)도 포함되어 있었

요한 아모스 코메니우스

다. 다른 부류의 사람들은 그들의 신앙을 숨기기도 하였다. 베스트팔렌 평화조약 (1648)은 체코 지역을 가톨릭의 통제하에 들어가게 했고, 자기 땅에서 형제단을 복원하고자 하는 희망을 산산조각나게 하였다. 감독이자 학자 그리고 교육가로서 요한 아모스 코메니우스의 걸출한 역할은 후스 형제단의 역사에 있어 대미를 장식한다. 그는 1670년 암스테르담에서 유배되어 살던 중, 생을 마감했다. 그 다음으로 이어지는 기간은 "감추어진 씨앗"의 시기로 알려지는데, 헤른후트 형제단 전통이 모라비아 지역에서 한 세대에서 다음 세대로 이어지는 몇 가족들 사이에

서 비밀스럽게 이어지는 시기가 된다.

1.4.2. 헤른후트 형제단 역사의 두 번째 시기는 1722년 헤른후트의 건설과 함께 시작한다. 그해에 모라비아 지역에서 온 몇 가정은 옛 헤른후트 형제단 전통을 지니고 보헤미아지역의 박해를 피해 독일의 니콜라우스 루드비히 친첸도르프 백작의 사유지안에 보호처를 발견한다. 친첸도르프는 재생된 형제단 교회의 고안자로 여겨지고 18세기 종교적 각성운동의 지도자요 중요한 신학자중 하나로 간주된다.

친첸도르프 백작
헤른후트 형제단 아키브
GS.423

1722년 6월 17일 목수였던 크리스티안 다비드의 도움으로 첫 나무를 베면서 작은 마을이 형성되었다. 그곳에 거주했던 이들은 사도시대의 교회를 본받아 깨어있는 신앙인 공동체를 함께 구축하길 원했다. 그 마을은 "헤른후트(Herrnhut)"라 명명되었는데, 이는 "주님의 지켜보심"으로 번역될 수 있다. 이 명칭은 공동체가 "주님을 위해 깨어있음"과 동시에 "주님의 보호아래" 이루어가는 신앙을 표현하는 의미가 담겨있다.

친첸도르프의 보살핌아래 헤른후트는 모라비아 난민들에게 관심을 끌었고 많은 신앙인들과 종교적 관심군들이 다른 지역으로부터 유입되었다. 공동체가 커나가면서 거류민간의 차이로 심각한 분쟁도 생기다가 1726년에는 심각한 위기상황이 벌어지게 되었다. 친첸도르프는 중재가 필요하다는 사실을 인지하게 되었다. 친첸도르프는 다니고 있던 직장을 그만두고 헤른후트 공동체의 지도적 역할을 더 하려고 했던 것으로 추정된다. 1727년 5월, 그는 "형제들의 합의"(4.4 참조)라는 공동체 규약을 소개하고 공동체로서 그리스도교의 사랑에 기반한 헤른후트 형제단 비전에 대한 윤곽을 밝힌다. 그는 헤른후트 거류민들에게 성서 학습을 고무시키고 중보기도를 권유하였다. 그러던 중 1727년 8월 13일, 베르텔스도르프 루터교 교회에서 예배를 드리면서 헤른후트 형제단은 깊은 영적인 회심과 화해를 경험한다. 성령의 뜨거운 임재를 통해 그들은 "우리가 서로 사랑하는 것을 배웠다"라고 천명하게 되었다. 이런 이유로 그 날은 새로 재생한 형제단의 영적인 "생일날"로 간주된다. 아무런 황홀하고 특별한 영적인 현시가 없었지만, 그 사건은 "모라비안 성령강림절"로 불리어 왔다. 이러한 새로운 형제단의 의식과 목적으로 헤른후트 형제단 공동체는 국제적인 범주의 복음화와 선교운동으로 확산되어 나갔다.

헤른후트 형제단 아카이브 GS.225

헤른후트에서의 삶은 진실한 그리스도인의 호혜속에서 함께 살아가고자 하는 열망으로 가득한 것으로 표현되어졌다. 공동체원들은 서로 "형제"와 "자매"로 명명되기 시작했다. 사람들은 "조(組)"라고 불리는 작은 단위(band) 안에서 상호간의 교화와 기도를 하기위해 만났다. 친첸도르프는 공동체를 나이와 성 그리고 결혼상태(choir, "단(團)"이라 불리움)에 따라서 목회 돌봄을 제공하기 위해 나뉘어졌다. 또한 누구나 공동체의 생활을 위하여 특별한 임무나 사업을 수행함으로 기여하도록 되어있었다. 연속기도가 이어졌다. 매일 경건모임이 거행되었는데, 새로운 형태의 예배가 사랑의 축제나 찬양 그리고 세족식의 형식으로 이어졌다. 1728년 친첸도르프는 매일을 위한 "슬로건(표어)"으로서 짧은 성구를 나누어 주기 시작했고, 1731년부터 오늘날의 형태인 헤른후트 로중 인쇄본으로 출간되었다(2.8 참조).

카리브의 흑인 노예들의 참상에 대한 보고서는 헤른후트 형제단으로 하여금 아직 복음이 전해지지 않은 곳에 선교 활동을 시작하도록 촉발하였다(7.1 참조). 헤른후트 형제단의 첫 선교사인 레오나르드 도버와 다비드 니츠만은 1732년에 서인도 성 토마스에 있는 노예들에게 갔다. 다른 선교 프로젝트도 신속하게 이어졌다: 그린란트(1733), 수리남(1735), 남아프리카(1737), 펜실바니아(1740)

선교지역의 헤른후트 형제단 목사 안수를 원활하게 주기 위하여 옛 헤른후트 형제단의 마지막 감독이었던 다니엘 에른스트 야브론스키(1660-1741, 코메니우스의 손자)는 헤른후트 형제단 목수인 다비드 니츠만을 1735년에 감독으로 임명하였다. 이러한 조처는 옛 헤른후트 형제단의 감독 전통을 갱신한 헤른후트 형제단으로 잇도록 연결시켜 주는 계기가 되었다. 1749년 영국 의회는 헤른후트 형제단을 "옛 개신교 감독 교회"로 인식하였다. 많은 이들이 헤른후트 형제단에 대해 좋은 인상을 갖게 됨과 동시에 많은 회중모임이 독일, 영국, 네덜란드 그리고 펜실바니아에서 생겨났다.

1760년 친첸도르프의 사후, 헤른후트 형제단은 새로운 지도력에 의한 조직을 수립하게 되었다. 1764년과 1769년 총회는 조직을 입안하고 중앙지도위원회를 수립함과 동시에 형제단 장로회의(UEC)를 구성하였다. 선교지에 대한 책임은 중앙선교위원회에 맡겨졌다. 아우구스트 고트립 슈팡엔베르크(1704-1792)는 그 다음 지도부로 등장하였다. 그는 교리요약집인 형제단 신앙 서설(1779)을 만들었다. 또한 1778년에 크리스탄 그레고아는 성가집을 만들고 다음 세대 100년을 위한 헤른후트 형제단 신학과 예배서가 모양을 갖추게 되었다. 새로운 선교는 남부 러시아(1768), 이집트(1768), 라브라도어(1772)에서 시작되었고, 많은 기숙학교가 북미와 영국 그리고 독일안에 있는 헤른후트 형제단 회중 모임에서 생기게 되었다.

19세기에 가장 중요한 도약은 더 많은 자치를 위한 북미와 영국의 요구였다. "자국내 규정"은 1818년과 1857년 사이에 점차적으로 실행되어 자치권에 의한 권역이 생기게 되었다: 독일 권역(후에 유럽 대륙 권역이라 불리워짐), 영국 권역, 그리고 미국권역, 후자는 1899년 미국 북부권역과 남부 권역으로 나뉘어지게 되었다. 이러한 발전은 미국 헤른후트 형제단이 서부의 변방지역으로 확대하는 것을 허락하였다. 새로운 선교 사업이 니카라구아(1849), 남 호주(1849), 티벳(1853), 영국연방 가이아나(1878), 알래스카(1885), 동 아프리카(1891)에서 시작되었다. 보헤미아와 모라비아에서의 디아코니아 실천은 1862년에 시작되었다. 1869년 총회는 기존의 선교지가 점차 독립적으로 운용하도록 하였다. 이러한 발전은 1차 세계대전(1914-1918)으로 많은 독일 선교사들이 외국 식민지 진영을 회

피하면서 증가하게 되었다.

20세기의 정치적 사건들은 헤른후트 형제단에 크게 영향을 미쳤다. 2차 세계대전(1939-1945)의 군사 충돌로 영국군과 미군이 독일에 대항해 싸우면서 헤른후트 형제단이 국제적인 교회로서 생존할 수 있을지에 대한 물음이 제기되었다. 헤른후트는 전쟁 마지막 날에 파괴가 되었다. 그리고 많은 교회 행정부는 서독의 밧볼로 옮겨갔다. 1946년 영국과 북미 그리고 독일 출신의 헤른후트 형제단 지도부가 함께 작은 연합회의를 스위스 몽트미레일에서 개최하여 형제단과 선교사업을 위한 새로운 구조를 모색하였다. 회의는 1957년 펜실바니아 베들레헴에서 두 번 더 진행되어 이후의 형제단 총회 모임을 위한 길을 모색해 나갔다. 총회는 계속하여 연합모임을 이어나갈 것과 헤른후트 형제단 교회의 미래의 발전을 위한 과정을 장착할 것을 확인하였다. 교리적 기초로서 "헤른후트 형제단 강령"(3.5 참조)을 포함한 새로운 교회규정이 채택되었고 법규는 자치 지구안으로 선교지를 변형함으로 구성되었다. 따라서 13개의 새로운 지역은 1960년과 1988년 사이에 인정되었다: 알래스카, 코스타-리카, 동서 인도, 가이아나, 온두라스, 자마이카, 니카라구아, 남아프리카, 수리남, 탄자니아 루크바, 남부 탄자니아, 서남 탄자니아, 서부 탄자니아. 20세기 후반을 지나면서 새로운 선교가 알바니아, 베리체, 부룬디, 쿠바, 아이티, 말라위, 페루, 루안다, 우간다, 잠비아. 2012년 이래 말라위, 잠비아, 북부 탄자니아, 탄자니아 탄가니카 호수, 탄자니아 동부 그리고 가이아나가 새로운 헤른후트 형제단 관구로 인정되었다.

1.5. 이름의 의미

헤른후트 형제단은 세계의 여러 지역과 다양한 언어로 된 다양한 이름으로 알려져 있다. 대부분의 영어권에서는 "모라비안" 혹은 "모라비안 교회"가 사용된다. 같은 방식으로 온두라스나 니카라구아 같은 스페인어권에서는 *Iglesia Evangelica Morava*로 사용된다. 프랑스어권에서는 *Église Morave*, 탄자니아에서는 *Église Morave*로 사용된다. 이러한 이름은 체코의 모라비아 지역으로부터 왔던 첫 헤른후트 정착민들이 반영된 것이다. 세계의 다른 지역에서 모라비아 교회는 그 이름이 형제자매의 공동체라는 사상을 표현하는 데에 사용되어진다. 체코의 모라비아 교회안에서는 *Jednota Bratrska*로 사용되고 독일에서는 헤른후트 형제단 혹은 형제단으로, 네덜란드에서는 *Broedergemeente*, 덴마크에서는 *Brødremenigheden*, 아프리카에서는 *Broederkerk*로 사용된다. 이러한 이름은 라틴어 이름인 *Unitas Fratrum*(형제단)에서 온 것이고 모든 헤른후트 형제단들은 세계에 흩어진 공동체를 서술하는 의미를 공유한다. 이런 상황에서 "형제들"이란 단어는 남성과 여성을 같이 언급하는 것이다. 여성의 평등이라는 현대적 관점에서 이것은 하나의 문제이기 때문에 *Unitas Fratrum*을 오늘날에는 "형제자매단"으로 번역하는 것이 다 나을 수 있다.

형제단(*Unitas Fratrum*)이라는 이름이 하나의 메시지를 지닌 이름이라는 사실을 주목하는 것이 중요하다. 그것은 우리가 어떤 종류의 교회를 원하는가에 대해 말해준다. 형제단이라는 이름에는 특별히 중요한 세 가지 의미가 있다.

먼저, 그것은 성서적 언어에 기초를 둔다. 공동체(*Unitas*)라는 단어는 그리스어 *ekklesia*에 기원을 두는데, 이 단어는 신약성서에서 그리스도인들이 부름받아 지역적인 회합에 속해있고 그리스도의 거대한 보이지 않는 몸 안에 참여함으로 함께 나눈다는 용어안에서 서로간의 호혜관계로 부름을 받는다는 의미로 사용된다. 마찬가지로, "형제들"이라는 단어의 사용은 성서적인 용어로 소급된다. 구약성서에서 우리는 종종 "형제"라는 단어를 가족안의 관계로만 사용하지 않고 이스라엘의 백성에 속한 이들을 지칭하는 데에 사용하는 것을 알 수 있다. 신약성서에서 "형제"나 "자매"라는 용어는 일반적으로 신자들을 언급할 때 사용한다. 여기에 형제들 사이의 분리할 수 없는 띠라는 생물학적인 사고가 신자들의 공동체에 적용된다. 그것은 가족안에 형제자매같이 서로 실제로 속해있는 하나님의 자녀를 의미한다. 이것은 1457년 쿤발트에서의 개척자들과 1722년 헤른후트의 거류민들에게서 나온 비전이었다.

두 번째, 형제단(형제자매단)이라는 이름은 예수께서 그의 제자들에게 함께 살도록 어떻게 가르쳤는가를 반영한다. 마가복음에 따르면, 예수께서 그의 가족에 관해서 물음을 받았을 때 그의 제자들에게 지적하며 말했다. "여기에 있는 이들이 내 어머니요 내 형제다. 하나님의 뜻을 행하는 이가 내 형제요 자매요 어머니이다"(마가3:34-35). 다른 경우에 예수께서는 제자들에게 말했다: "너희들은 선생이라고 불리지 말아야 하다. 너희를 위해 한 분의 선생이 있다. 너희들은 모두 형제들이다"(마태 23:8). 그리스도인은 그리스도안에서 형제요 자매이다. 그러한 사실은 그들이 서로간에 호혜로 섬기는 관계속에 있음을 의미한다. 사도시대의 교회 생활은 종종 이러한 호혜적 관계를 어떻게 살아내야 하는 것에 대한 좋은 범례로 간주되었다. 초기 그리스도인들은 항상 기도와 찬양을 하려고 모였고, 음식을 나누고 자신의 소유를 제공하고 모든 이의 필요에 따라 서로 도왔다(참고, 행전2:44-45). 다시 말하자면, 이러한 것은 쿤발트와 헤른후트를 만든 중요한 비젼이었다.

세 번째, 형제단 이름은 예수가 제자들에게 하나가 되라고(요한17:21) 기도했다는 것을 상기시킨다. 그런고로 그리스도안에서의 형제단은 국적, 인종, 계급 혹은 성이라는 장벽이 없다는 것을 인정하는 것이다: 유대인이나 그리스인이 없고 노예나 자유인이 없다. 남자나 여자가 없다. 너희는 그리스도 예수안에서 모두 하나이다"(갈 3:28). 자매요 형제로 상호 간 수용한 교인들에 의한 영적인 친척 관계의 띠는 모든 생물학적, 인종적, 문화적 영역을 뛰어넘는다. 이러한 사고는 헤른후트 형제교회가 지금 많은 다양한 민족이나 문화에 속한 이들과 함께 하는 오늘날 우리를 위해 특히 중요하게 되었다.

1.6. 세계를 향한 미래

헤른후트 형제단 교회가 15세기에 시작할 때, 처음에는 보헤미아와 모라비아라는 지역에 국한된 운동이었다. 친첸도르프 백작의 지도로 새로워진 헤른후트 형제단 교회는 세계적인 비전을 발전시키기 시작했다. 친첸도르프와 헤른후트 형제들은 그들이 그리스도를 세상 끝까지 증언하기 위해 부름을 받았다는 것을 인식하였다(마가16:15). 헤른후트 형제단 선교사들이 서인도, 그린란드, 남아프리카 그리고 북미를 여행하면서 그들은 헤른후트 형제단 교회의 공고한 기반을 통해 진정한 국제적인 교단으로 만들고자 했다. 하지만 오랫동안 헤른후트 형제단 교회의 행정부는 여전히 유럽에 남아 있었다.

그렇지만 지나간 60여 년을 지나오면서 이러한 상황은 분명하게 변했다: 이전의 많은 선교지역은 헤른후트 형제단 연합 지역과 아프리카와 카리브 지역에 사는 헤른후트 형제단 회중교회 관구로 변했다. 이러한 지역의 대표부는 형제단 안의 중요한 지도역할을 수행했다. 그리고 현재 헤른후트 형제단 교회의 국제모임은 다양한 여러 지역과 인종적 배경, 문화 그리고 언어 출신의 다채로운 다양성이 존재한다. 탄자니아와 중앙아프리카 주위의 나라들은 열정적인 선교 활동과 성장의 중심부로 등장하였다. 결과적으로, 유럽과 북미의 특별한 헤른후트 형제단 교회의 성격은 다른 것으로 변형되었다.

헤른후트 형제단 교회의 역사는 보통 두 개의 주요 부분으로 나누어진다: 옛 헤른후트 교회와 새 헤른후트 형제단 교회. 아마도 이제는 3기 헤른후트 형제단 교회에 대해 생각해야 할 시점이 되었다. 즉 3기는 세계적인 발전의 시기로 1957년 시작되었고 여전히 오늘날 진행되고 있다. 21세기 국제적인 헤른후트 형제단 교회는 50개 국가 이상 선교지역과 지구와 함께하는 세계적인 공동체이다. 헤른후트 형제단 교회는 인종적으로, 문화적으로 그리고 신학적으로 매우 다양해졌다. 한 지역에서 풍습과 전통은 헤른후트 형제단 정체성의 중요한 표식이다. 게다가, 남반구의 어떤 지역은 구성원 수가 상당히 늘어나고 있고 형제단 내의 중요한 역할을 담당하고 있다. 이러한 과정은 단순히 교회의 갱신이 아니라 문화적이고 교회론적인 도약이 "세계적인 마을"의 현실로 부상하는 것이다. 헤른후트 형제단 교회의 갱신이 세계적인 공동체로 진전되었지만 지금 이루어지고 있는 새로운 종류의 세계화는 재정적인 분배나 조직적인 구조, 지도력과 권위의 주요한 주제들을 포함한다. 이러한 변화는 세계의 그리스도교와 현대 개신교 선교내의 유사한 변화와 상응한다. 그것은 교회안의 행동하는 실천사업과 행동하는 신학 그리고 헤른후트 형제단 교단의 정체성과 형제단 미래의 변화를 내포한다. 이러한 발전은 중요한 도전을 의미하며 우리로 하여금 형제단의 미래를 생각하게 한다. 하지만 이러한 것들은 선교와 사회 목회 그리고 세계적 상황안에서 형제단 연합과 정의를 위한 그리스도교적 증언을 포함한다. 우리는 지금 "헤른후트 형제단"이 무엇을 의미하고 형제단안에서 함께 하는 것이 무엇을 의미하는 것인가에 대해 새로운 대화를 찾는 중이다. 그리고 우리 역시 헤른후트 형제단 전통안에서 다시 갱신할 관심사를 알고 있다. 우리가 앞으로 나아가면서 확실한 사실은 우리의 "보물"을 아는 것과 그것들의 영적인 중요성을 이해하는 것이다. 그러한 것을 통해 우리는 우리의 부르심에 신실하게 나갈 수 있고 방향감각을 유지할 수 있을 것이다.

토론을 위한 물음:
- 이 장에서 여러분이 배운 것 가운데 가장 중요한 것은 무엇인가?
- 여러분의 모임이 세계적인 교회의 부분이라는 것이 여러분에게 중요한가? 왜 그렇게 생각하는가?
- 헤른후트 형제단 교회가 지난 세기를 거쳐 오면서 어떤 면에서 변했는가?
- 이번 장에서 교회의 이름에 관련해서 논의하였는데, 여러분은 어떤 것이 낫다고 보는가? 왜 그렇게 생각하는가?
- 헤른후트 형제단 교회가 미래에 어떤 모습이 되기를 바라는가?

Resources:

A basic Moravian bibliography: www.moravian.libguides.com/moravian_history_theology_worship_mission

Boytler, Jørgen. "Unity in Diversity: Challenges to the Worldwide Moravian Unity," The Hinge 21:1 (2015). https://issuu.com/moravianseminary/docs/hinge_21_1_boytlerforprint

Crews, C Daniel. Faith, Love, Hope: A History of the Unitas Fratrum. Winston-Salem: Moravian Archives, 2008.

Hamilton, J. Taylor and Kenneth G. Hamilton. History of the Moravian Church: The Renewed Unitas Fratrum 1722-1957. Bethlehem, Pa.: Interprovincial Board of Christian Education of the Moravian Church in America, 1967.

Vogt, Peter. "How Moravian are the Moravians: The Paradox of Moravian Identity," The Hinge 19:2 (2013). https://issuu.com/moravianseminary/ docs/hinge_19.3

Weinlick, John R. Count Zinzendorf. The Story of His Life and Leadership in the Renewed Moravian Church. Bethlehem: Moravian Church in North America, 1984.

제 2장

우리를 함께 연결하는 고리

사랑으로 연결된 그리스도인의 마음들이여,
예수안에서 홀로 쉼을 찾으십시오.
그분이 사랑을 불러일으키지 않는가요?
가슴마다 사랑을 불러일으키십시오.
우리의 머리이신 주님을 믿는 우리들,
우리의 태양이신 주님을 반사하는 빛들,
주님의 명령에 주의를 기울이는 형제들,
우리의 주님이신 그 분안에서 우리는 하나입니다.

(니콜라우스 루드비히 친첸도르프)

요한복음에 따르면, 예수 그리스도는 자신과 아버지가 하나인 것처럼 그를 따르는 이들이 그분 안에서 하나가 되기를 하나님께 기도했다(요한17:21). 일치는 교회를 위하여 중요한 일이다. 왜냐하면 세상은 그들의 사랑으로 그리스도의 제자로 인식될 것이기 때문이다(요한13:35).

하지만 일치는 획일적인 것을 의미하지 않는다. 바울 사도는 교회가 다양한 지체들로 이루어진 몸과 같다고 말한다(고전12). 이런 이유로, 교회의 일치는 "다양성안에서의 일치"라는 표현으로 잘 설명된다. 이는 우리가 함께 하는 회중 모임에서 사실로 드러나는데, 그 안에서 얼마나 다양한 은사를 가진 개인들이 특정

이 장의 초안을 작성해주신 페터 보이그트 박사와 추가 자료와 중요한 통찰들과 유용한 조언과 교정 등으로 초안 개정에 도움을 주신 모든 분들께 깊은 감사를 드린다.

한 장소에 모여서 그리스도의 몸으로 함께 살아가는지 쉽게 인식하게 된다. 마찬가지로 국제적인 교단으로서 헤른후트 형제단 교회에서도 사실로 드러난다. 헤른후트 형제단은 다양한 관할 구역, 선교지 그리고 공유된 사업단이 하나의 몸으로 존재한다. 서로 많은 차이가 있다. 하지만 서로 간의 연결을 촉진하고 표현하는 요소들과 구조들이 존재한다.

신약성서의 증언에 따르면, 그리스도인의 일치는 선물이자 임무이다. 이러한 사실은 그리스도의 몸 안에서의 일치에 관하여 에베소 교회 회중들에게 언급한 편지의 진술에서 볼 수 있다. 여기에서 바울 사도(혹은 그의 제자 중 하나)는 에베소 교회에게 다음과 같이 말한다: "여러분께 권합니다. 여러분은 부르심을 받았으니, 그 부르심에 합당하게 살아가십시오. 겸손함과 온유함으로 깍듯이 대하십시오. 오래 참음으로써 사랑으로 서로 용납하십시오. 성령이 여러분을 평화의 띠로 묶어서, 하나가 되게 해주신 것을 힘써 지키십시오. 그리스도의 몸도 하나요, 성령도 하나입니다. 이와같이 여러분도 부르심을 받았을 때에 그 부르심의 목표인 소망도 하나였습니다. 주님도 한 분이시요, 믿음도 하나요, 세례도 하나요, 하나님도 한 분이십니다. 하나님은 모든 것의 아버지시요, 모든 것 위에 계시고 모든 것을 통하여 계시고 모든 것 안에 계시는 분이십니다"(엡4:1-6). 다른 말로 표현하면, 그리스도인은 그들이 그리스도안에서 하나라는 사실을 알고 있다. 하지만 그들의 노력이 교회안에서 가시적으로 하나됨(일치)을 이루는 것이 필요하다는 사실도 알고 있다.

이러한 것이 일어나는 많은 영역이 있다: 지도력과 조직안에서, 예배와 신앙고백안에서, 그리스도인의 사랑을 통한 협력과 연계안에서. 이 장에서 우리는 세계 헤른후트 형제단 교회안에서 연합의 고리를 표현하는 요소와 구조에 관하여 논의하게 될 것이다. 우리는 그리스도안에서 형제와 자매로서 우리를 함께 연결하는 다른 연결고리와 함께 나누고 있는 상징들을 숙고해보고자 한다.

2.1. 그리스도 - 수석 장로

헤른후트 형제단안의 하나됨의 기초는 예수 그리스도 자신이다. 그 분 안에서 모든 신자는 하나이다. 그리스도는 교회를 주관하는 머리이시다(골1:18). 에베소의 교인들에게 보낸 서신에서 저자는 다음과 같이 서술한다: "우리는 사랑으로 진리를 말하고 살면서, 모든 면에서 자라나서, 머리가 되시는 그리스도에게까지 다다라야 합니다. 온 몸은 머리이신 그리스도께 속해있으며, 몸에 갖추어져 있는 각 마디를 통하여 연결되고 결합됩니다. 각 지체가 그 맡은 분량대로 활동함을 따라 몸이 자라나며 사랑 안에서 몸이 건설됩니다"(엡4:15-16).

헤른후트 형제단으로서 우리는 독특한 전통을 가지고 있는데, 그것은 헤른후트 형제단 교회의 "수석 장로"로 그리스도를 존경하는 것이다. 이러한 진술의 이면에는 부활하신 그리스도가 그에게 속한 모든 이들의 살아있는 주님이시라는 사실을 담고있다. 헤른후트 형제단의 구성원으로서 우리는 그리스도를 우리 자신만을 위하여 독점적으로 점유하지 않아야 한다는 사실을 인식하는 것이 중요하다. 우리는 그리스도가 모든 교회의 머리가 되심을 믿는다. 그리스도가 헤른후트 형제단 교회의 "수석 장로"라고 믿는다면, 가장 높은 권위와 궁극적인 지도력의 근원은 그리스도안에서 발견되어진다. "예수 그리스도는 한 주님이시며 그의 몸인 교회의 머리이시다. 이 때문에 교회는 그리스도의 통치에 반하는 그 어떠한 권위에 대해 복종하지 말아야 한다"(COUF 11조).

역사적 배경. "수석 장로"로서 예수 그리스도에 관련된 이해는 지도력 위기의 경험으로부터 나왔다. 헤른후트가 세워진 후, 회중 모임에서는 몇 명의 장로들을 선출했다. 왜냐하면 공동체에 좋은 지도자가 필요하다고 인식했기 때문이었다. 헤른후트 형제단 운동이 성장하자, 장로들 사이에 한 명이 "수석 장로"로 선출되어 전체 조직을 감독하였다. 1736년에 이 직무는 레온하르트 도버(헤른후트 형제단 첫 선교사)에게 주어졌으나 그는 오래 지나지 않아 그 과업이 자신에게 너무 부담된다는 것을 알았다. 도버가 이 직무를 사임하고자 했을 때, 그를 대신할 이를 찾을 수가 없었다. 친첸도르프와 다른 헤른후트 형제단 지도자들은 그 상황을 고심하면서 예수 그리스도만이 이 책임을 감당할 수 있다는 사실을 인식하였다. 헤른후트 형제단 지도자들은 그리스도의 지배에 복종하는 것을 표현하기 위해 공식적으로 1741년 9월 16일에 그리스도를 그들의 수석 장로로 선출했다. 이 사실을 1741년 11월 13일에 헤른후트 형제단 회중모임에서 공포했다.

전통. "수석 장로"로서 예수 그리스도와 관련이 있는 두 개의 축제일이 있다. 먼저, 9월 16일은 목회적인 책임을 수행하는 모든 이들을 기억하는 날로 기념을 한다. 이것은 서인도의 동부에서 "목회자의 계약일"로 알려져 있다. 다른 지역에서는, 목사가 계약의 잔을 기념하기 위해 함께 회중모임을 한다(6.3.4 참조). 두 번째, 축일인 11월 13일은 모든 헤른후트 형제단이 예수 그리스도를 그들의 수석 장로로 경의를 표한다.

종종 이 날은 특별한 거룩한 성찬식을 하며 기념한다. 또 하나의 다른 전통으로 이 날은 수석 장로로서 그리스도의 직무와 연관하여 때때로 준수해 왔는데, 보이지는 않지만 그리스도의 현존을 상징하기 위해 교회 회합에서 그리스도의 빈 의자를 놓는 관행이 있다.

영적인 관련성. 지도력은 교회의 목회에서 중요하다. 하지만 사람들이 지도력의 지위를 커다란 권력으로 여기는 경우에 두 가지의 위험에 직면한다. 첫 번째 위험은 그들이 직무에 대한 책임감으로 압도당하거나 두려움에 빠지고 무기력하게 된다는 것이다. 다른 하나의 위험은 지도력이 일종의 봉사라는 사실을 망각하고 오히려 지배하면서 우월감에 빠지거나 자기 자신의 이익을 위해 살아간다는 사실이다. 예수 그리스도를 "수석 장로"로 경의를 표하는 것은 우리에게 목회의 모든 형식안에서, 지도력과 감독의 목회를 포함하여, 우리가 주님의 관할아래 놓여있다는 것을 기억하도록 도와준다. 이것은 우리에게 짐을 홀로 짊어질 필요가 없다는 사실을 알려준다. 겸손한 마음으로 지도력을 수행하고 우리 자신보다 그리스도의 영광을 찾는 것은 우리에게 도움을 준다.

2.2. 상징들

헤른후트 형제단은 다른 모든 그리스도인과 함께 십자가 상징을 공유한다. 승리한 어린 양의 이미지는 헤른후트 교회의 공식적인 상징이다. 성배와 헤른후트 별은 형제단의 일부 지역에서 헤른후트 형제단 정체성의 중요한 상징이다.

2.2.1. 십자가

십자가는 가장 중요한 그리스도인의 상징이다. 그리스도교 교리와 신앙 그리고 영성에 있어서 예수 그리스도의 십자가는 아주 중요한 핵심이다(3.3 참조). 헤른후트 형제단 교회의 많은 성지에는 십자가 상징이 있지만 대체로 예수의 육체상은 보이지 않는다. 왜냐하면 그리스도는 부활하여 아버지 하나님의 오른편에 앉아있음으로 십자가는 지금 비어있다.

2.2.2. 승리하신 어린 양

어린 양은 승리의 표준이 되시는 예수 그리스도의 상징으로 나타난다. 대체로 어린양의 이미지는 "Vicit Agnus Noster – Eum Sequamur"(어린 양이 승리하셨도다. 그분을 따라 갑시다) 라는 표제로 둘러싸여 있다. 각 지역마다 승리하신 어린 양의 모습은 다양하게 표현되고 있다. 탄자니아에서는 그러한 표현이 예배나 교회 모임에서의 인사로 일반적으로 사용된다. 목사나 인도자는 ""Mwanakondoo wetu ameshinda(어린 양이 승리하셨도다)"고 말하고 회중은 다음과 같이 응답한다 : "Tumfuate!"(그분을 따라 갑시다). 비슷한 관습이 자메이카와 미국의 헤른후트 형제단 교회에서도 시행된다고 한다.

성서적 배경. 성서의 여러 구절들에서 그리스도는 승리하신 어린 양으로 묘사된다. 세례 요한은 예수에 관해 이렇게 말한다. "보라, 세상 죄를 지고 가는 하나님의 어린 양이로다"(요한1:29). 구약성서에는 '유월절 어린양' 이야기(출12:21-27)와 '고난받는 종'에 대한 예언자의 비전이 담겨 있다(이사53:7). 신약성서에서 희생당하는 어린 양 이미지는 예수의 십자가상의 죽음을 해석하는데 제공된다(고전5:7, 벧전1:18-19 참조). 결론적으로, 요한계시록에서는 죽임당한 어린 양이 어떻게 하늘 보좌에 좌정해 있는가에 대한 비전을 우리에게 제공한다(계5:6-13).

역사. 승리하신 어린 양의 이미지는 초기 그리스도교의 상징이며, 초기 그리스도교 미술작품에서 입증되었고 오늘까지도 많은 교회에서 사용되고 있다. 처음에 헤른후트 형제단이 어린 양 문장을 사용한 것은 16세기로 입증되었는데, 1541년 초기 형제단의 찬양집에 나타난다. 그 후 어린양의 상징은 헤른후트 형제단 감동의 공식 문장에 사용되었으며 지금도 여전히 많은 지역의 감독 인장으로 사용된다. 비문의 기원은 모르지만, 승리하신 어린 양의 이미지와 "Vicit Agnus Noster – Eum Sequamur"(어린 양이 승리하셨도다. 그분을 따라 갑시다)라는 문구는 헤른후트 형제단만의 고유한 특징이다.

신학. 승리하신 어린양은 헤른후트 형제단 신학의 가장 특출난 요약이라 할 수 있다. 왜냐하면 그것이 예수 그리스도의 중요성을 보여주며 생명을 내어주심으로 죄와 죽음의 파괴적인 힘을 극복했음을 증명하기 때문이다. 예수 그리스도는 다른 이에게 폭력을 가하지 않고 악과 폭력을 기꺼이 감내하고자 했다. 그가 십자가에서 죽임을 당했을 때 마치 악의 세력이 사랑과 자비의 힘을 정복한 것처럼 보였다. 하지만 하나님은 그를 죽음으로부터 다시 일으키셨고, 죄와 죽음을 너머 승리하게 하셨다. 신자로서 우리는 그리스도의 길을 따르고 그의 비폭력적인 사랑의 메시지를 증언하도록 부름을 받는다.

> 우리의 어린 양이 승리하셨도다. 그분을 따라갑시다.
> 온 마음과 열정으로, 온 몸과 힘을 다하여,
> 분명한 비전을 가지고, 힘있고 용감하게,
> 하나님의 목적을 향해 여기에서 감사하면서,
> 우리의 어린 양이 승리했으니, 그분을 따라 갑시다.   도로티 A. 코노아

2.2.3. 성배

성배의 이미지는 또 하나의 고대 그리스도교의 상징으로써 주의 만찬에 사용되었던 잔을 말한다(고전 11:25). 헤른후트 형제단 교회에 있어서 성배의 중요성은 후스의 종교 개혁과 직접적인 관련이 있다. 후스의 개혁에는 성찬식에서 신자들에게 두 가지(빵과 포도주)가 제공되야 한다는 요구가 중요한 역할을 했다. 중세 가톨릭교회에서 사제들은 신도들에게는 빵만 주어지고 포도주는 사제 자신들로만 한정했다. 얀 후스의 제자들은 예수께서 "너희 모두가 이것을 마시라"
(마태26:27)고 말씀하셨듯이 포도주의 잔 또한 나누어야 한다고 주장했다. 그러한 결과로 성배는 보헤미아와 모라비아의 여러 개신교 공동체들의 중요한 상징이 되었다.

2.2.4. 헤른후트 별

헤른후트 별은 가장 최근에 만들어진 상징으로 신약성서(마태2:2)에서 말한 베들레헴에 출현했던 별과 대림절과 성탄절 시즌에 뾰족한 종이별을 만드는 헤른후트 형제단의 전통을 결합한 것이다. 가장 일반적인 것은 헤른후트 별 공장에서 생산되는 스물여섯 꼭지의 별이며 대개 조명용 전등이 포함된다. 일부 지역에서는 헤른후트 별이 대림 대축일 첫날부터 대림절 시즌이 끝날 때까지 교회와 각 가정의 주택에 걸린다. 종이별을 만드는 전통은 19세기 초 독
일의 헤른후트 형제단 학교가 효시이며 아마도 기하학 실습용으로 시작되었다고 추정한다. 헤른후트에는 현재 매년 수십만 개의 별을 제작하는 헤른후트 별 공장이 있는데, 그 수익금으로 헤른후트 형제단 교회의 사역을 후원하고 있다.

헤른후트 별은 삼중의 메시지를 가지고 있다. 첫 번째 메시지는 창조의 넷째 날(창 1:16) 무수히 많고(창15:5) 찬란한 영광을 가진 별들을 만드신 창조주(창 15:41)의 위대하심을 증거하며, 세상의 기초(욥38:7)를 놓으신 전능자를 찬양한다는 것이다. 둘째 메시지는, 한때 동방박사들을 먼 고국 땅에서 인도하여 "아기 예수가 있는 집 위에 서서" 엎드려 경배하게 했던 그 별을 떠올리게 한다(마 2:10). 셋째는, 어둠을 밝히는 참 빛 되시는 예수 그리스도를 가리키는 것으로(요한1:4-5), "한 별이 야곱에게서 나오리라"(민수24:17)는 예언이 예수께서 "내가 곧 다윗의 뿌리와 자손이요 광명한 새벽별이라"(계22:16)는 말씀에서 성취되었다는 메시지다.

2.3. 헤른후트 형제단의 교회 규정

모든 인간 공동체에는 어떤 형태의 구조와 조직이 필요하다. 가족과 정치 단체, 스포츠 협회와 비즈니스 벤처 기업은 각각의 구성원들이 서로 어떻게 관련되어 있는가에 대해 명확하고 구체적인 규칙 및 규정을 통해 기능이 유지된다. 이상적인 경우, 그러한 규칙은 갈등을 줄이고 공정성과 효율성에 도움이 되는 질서유지의 좋은 도구가 된다. 성서에서도 하나님이 히브리인을 이집트의 압제에서 벗어나게 할 때 십계명과 여러 규범을 내려주어서 하나님의 백성들이 당신의 뜻에 따라 공동체로 살아가는 방법을 알게 하셨다(출 20:1-17). 신약성서의 사도행전에서는 초대 교회의 교제, 예배, 목회와 같은 구체적인 관습이 어떻게 조직되었는지 알려준다(행2:42-47,6:1-6). 바울의 편지 중 상당 부분이 교회에게 가르침과 규정을 제공하기 위해 서술되었다. 쿤발트와 헤른후트 형제단 공동체는 성서의 가르침을 자신의 공동체 형성에 적용하려 했다. 친첸도르프 백작은 초기 헤른후트 공동체내에서 심한 갈등이 발생했을 때 행동하는 법을 알 수 있도록 "형제 규약"이라는 규칙을 정했다(4.4 참조). 이것이 오늘날 교회 규정의 시작이었다.

국제적인 차원에서 헤른후트 형제단 교회의 구조와 조직은 "헤른후트 형제단의 교회규정(Church Order of the Unitas Fratrum)"(COUF로 약칭)에 서술되어 있다. 여기에 그리스도 안에서 호혜의 교리적인 근거(3.5 참조)와 조직 방법에 대한 특별 규정, 그리고 연합회의 차원과 지역 차원에서 어떻게 운영되는지에 대한 구체적인 규정이 나온다. 교회규정에는 모든 사람들에 해당하는 규약과 법규가 요약되어 있다. 형제단의 교회규정의 주요 부분은 다섯 부분으로 구성되어 있다. 제시되는 주제는 다음과 같다:

1. 헤른후트 형제단 연합의 근거(우리 공동체의 믿음에 관한 선언)
2. 헤른후트 형제단 연합의 본질적 특징(영적인 부름에 대한 진술과 회중 모임의 증언)
3. 헤른후트 형제단의 헌법(연합회 및 지역 공동체에 관련된 규정들)
4. 헤른후트 형제단의 교회 생활(사회적 증언, 예배 및 목회 규정을 포함한 회중 모임의 영적 생활에 관한 진술과 규정)
5. 선교와 디아코니아 실천(선교 사역의 부르심과 원칙에 관한 진술)

교회규정은 헤른후트 공동체의 헌법으로 사용되며 여러 나라의 헤른후트 형제단이 공교회적 기관으로 합법적으로 인정받는 데 중요한 역할을 한다. 그 내용은 연합회 총회의 2/3이상의 다수결에 의해서만 변경될 수 있다.

연합회 총회가 끝날 때마다, 형제단 규정의 새로운 버전이 마련된다. 형제단 규정의 주요 부분 다음에는 연합회 총회를 위한 규칙과 연합회 총회의 현행의 결의와 이어지는 결의안에 관한 추가 부분이 이어진다. 형제단 규정은 규정에 상치되지 않는 각 지역 공동체 규정에 대한 기초로 사용된다.

2.4. 감독직

헤른후트 형제단은 집사(디아콘)와 장로 그리고 감독의 삼중직으로 유지된다. 특히 헤른후트 형제단의 감독직은 특히 형제단에서 중요한 연결을 하는 역할을 한다: "헤른후트 형제단 교회의 감독은 전체 연합회와 그 이름으로 특별한 목회 사역을 위해 성직에 임명된다. 감독직은 사도직의 어떤 기계적인 전승에 강조점을 두지는 않지만, 헤른후트 형제단 교회의 중요한 연합와 교회사역의 연속성을 대표한다. 감독의 직무와 기능은 연합회 전체에 걸쳐 유효하다."(COUF 687조). 감독은 연합회를 위해 기도하는 임무를 담당하고, 갈등 중재를 위해 다른 지역공동체로 호출될 수 있다. 연합회 차원의 감독 회의는 헤른후트 형제단 교회의 신앙, 영적인 생활, 연합과 교리의 향상을 위하여 정기적으로 개최된다(COUF 688조). 헤른후트 형제단의 감독직에 대한 더욱 자세한 설명은 5장(5.4 참조)에서 자세히 논의될 것이다.

2.5. 헤른후트 형제단 교회의 조직 구조

연합회 총회는 헤른후트 형제단 교회 전체를 대표하며 7년마다 모인다. 총회는 일반적인 원칙들을 정하고 국제적인 연합회에 배정된 사업 기금과 부서들을 조정한다. 각 관할 구역에서는 3명의 대의원을 총회를 위해 선출한다. 연합회 위원회는 하나의 연합총회에서 다음 연합회 총회까지 국제적인 교회기구의 상임 회의이다. 연합회 위원회는 총회가 관할하는 각 관할 지역의 지역위원회 위원 한 명으로 구성된다. 연합회 위원회의 집행위원회는 연합회 위원회의 회장과 부회장, 그리고 그 직위로 대표하지 않는 연합회(아프리카, 카리브 지역, 유럽, 북미)의 4개 지역의 각 대표들로 구성된다. 그들의 직무는 연합회 위원회가 부과한 사업을 수행하고 연합회 위원회의 모임간에 지도력을 제공하는 것이다. 연합회 사업 관리자는 연합회 내의 모임과 회의, 특히 연합회위원회의 모임을 조직하고 각 지역 간 및 국제 헤른후트 형제단 교회의 여러 기관 간의 효율적인 의사소통을 위해 만들어진 직위이다.

2.6. 공유하는 프로젝트와 전달체계

연합회 차원의 여러 상임위원회와 기관들이 있다. 하지만 다음의 소개된 것에 포함되지 않은 내용도 있다:

2.6.1. **헤른후트 형제단 신학위원회 (UCOT)**는 연합회 안의 신학적 문제를 토론하기 위한 국제위원회이다. 신학위원회는 9명으로 구성되어있다(아프리카 지역에서 3명의 대표와 카리브 지역, 남미 지역에서 2명, 유럽, 북미). 신학위원회는 연합회 총회 혹은 연합회 위원회로부터, 예를 들어 헤른후트 형제단 정체성 문제, 오순절교회와 은사주의자들의 영향, 상황 신학 문제 같은 논의 주제를 받는다.

2.6.2. **헤른후트 형제단 여성회의**(Unity Women's Desk: UWD)는 2002년과 2009년의 연합회 총회 결의안을 이행하면서 세계 헤른후트 형제단 여성들의 요구를 전달하기 위해 2011년에 결성되었다. 연합회 여성회의의 목표는 여성들이 가지고 있는 목적을 세계 연합회가 주의를 기울이게 하고 여  성들의 성공 사례를 축하함으로 세계적 차원의 변화에 영향을 주기 위한 것이다. 이를 위해 세계 회중 모임 차원의 형제단 여성들의 자원(영적, 재정적, 지적, 물질적인 차원)을 협력하게 하는 것이 여성회의의 목표라 할 수 있다. "우리는 모든 지역 여성에 대한 선을 위해 함께 일을 함으로써 우리 여성 모두가 다른 나라의 자매와 함께 참여하기를 원한다." 여성회의는 어린 소녀와 여성을 위한 장학금을 제공하고, 여성을 향한 폭력에 대한 결의안을 발표하고, 여성들이 새로운 사업을

시작하고 기존 사업을 확대할 때 소액 융자를 지원하고, 여성과 어린이들에게 영향을 주는 질병을 치료하고 예방하는 데에 필요한 정보를 제공하고, 육아 문제에 관한 정보를 제공하며, 여성을 위한 정의에 대한 성서의 중요한 내용을 학습한다. 자세한 내용은 다음을 참조하라. www.unitywomensdesk.org

2.6.3. 헤른후트 형제단 청년위원회(UYC). 연합회 청년회의 협력체와 함께 이 위원회는 2016년 연합회 총회에서 구성되었다. 이 위원회는 연합회의 다른 지역의 청년들이 헤른후트 형제단의 정체성을 공유하고, 상호교류하고, 친교를 강화하는 목적으로 생겼다. 총회는 헤른후트 형제단 교회의 미래를 위해 청년들이 세계의 형제 자매들의 상황과 삶을 이해함으로 그리스도교 신앙안에서 성장하는 기회를 갖는 것이 매우 중요하다는 사실을 인식했다. 이 위원회의 특별한 업무는 청년들의 국제적인 교류를 도모하고, 청소년 문화 유적지 탐방같은 프로젝트와 프로그램을 연합회에서 구성하고, 지역관구 수준에서 청소년 조직간에 실질적인 협력과 정보교류를 할 수 있게 하고, 연합회 차원에서 젊은 세대의 관심과 흥미를 대변하는 것이다. 청년위원회는 6명으로 구성되며, 아프리카 지역을 대표하는(2명) 이들과 북미 지역(1명), 카리비안과 남미 지역(2명) 그리고 유럽지역(1명)의 대표가 있다.

2.6.4. 헤른후트 형제단 아키브. 연합회 사업으로 운영하는 헤른후트 형제단 아키브는 세계 헤른후트 형제단의 중앙기관 및 유럽대륙 행정부의 공식적인 기록보관소이다. 헤른후트에서 형제단 운동이 처음 시작할 때부터 하나님이 그들 가운데 행하셨던 것을 남기기 위해 공동체안의 사건들을 기록으로 남겼다. 이후에 헤른후트 형제단은 각 회중 모임과 선교지에서 기록을 남겼다. 이러한 세계안의 형제단의 기록은 각 회중 모임에 퍼지게 되었고 모든 이들이 동일한 정보를 공유하게 되었다. 모든 헤른후트 형제단 회중 모임은 그들의 문서를 보관하는 지역 아키브를 가지게 되었다.

헤른후트 형제단 아키브는 1764년 헤른후트 형제단 교회의 첫 번째 총회와 함께 설립되었으며 네덜란드 차이스트에서 처음으로 운영되기 시작했다. 후에 아키브는 독일 헤른후트로 옮겨졌으며 현재 귀중 문서가 현대식 건물에 보관되어 있다. 도서관은 연구자들에게 열려져있다. 아키브의 소장품은 박물관 자료뿐만 아니라 상당한 양의 문서와 사본들이다. 아주 중요한 항목은 헤른후트 형제단 감독의 공식 명단과 다양한 나라에서 정부가 인정한 헤른후트 형제단 공동체의 법률적 공식 문서들이다. 문서 기록물들을 구체적으로 나열해 보면, 세계 헤른후트 형제단 교회의 주요 기관들의 기록물, 유럽 지역의 기록물, 선교 사업에 대한 기록물, 학교 기록물, 헤른후트 형제단 사업 기록물, 음악 원고들, 친첸도르프 가족과 관련된 문서, 헤른후트 형제단 성직자들의 개인 서류, 수만 개의 헤른후트 형제단 교회의 자전적 회고록들이 있다. 아키브 도서관은 헤른후트 형제단 교회와 그 회원의 출판물뿐만 아니라 형제단 교회와 관련된 모든 출판물을 수집하는 역할을 한다. 각각의 연합회의 지역관구는 연합회 아키브에 보관될 공적 출판물의 사본 우송을 요구받는다. 특별한 수집품으로는 초기 형제단의 중요한 문서 사본뿐만 아니라 성서 소장품, 찬송가 모음집들, 헤른후트 로중들이 있다. 또한 헤른후트 형제단 아키브는 헤른후트 형제단과 그 사역들로부터 생산된 유화들과 초상화, 그림 및 문서들 뿐 아니라 지도와 사진 그리고 역사적 유물을 소장하고 있다. 자세한 내용은 www.archiv.ebu.de를 참조하라.

2.6.5. **헤른후트 형제단 재단(MCF)**은 세계 헤른후트 형제단에서 전적으로 공인된 재단이다. 재단의 목적은 헤른후트 형제단 내 또는 형제단 외부의 특별한 사업들을 촉진하고 후원하는 것이다. 특히 각 개별 지역관구나 관심지역이 자립하거나 유지할 수 없는 경우에 지원한다. 다음의 지역들의 경우 지원을 받는다: 모든 지역 관구의 신학 훈련, 수리남의 교육 활동과 복지사업, 뿐만 아니라 헤른후트 형제단 연합 내의 다른 특별 프로젝트도 지원한다. 헤른후트 형제단 재단의 수익은 주로 수리남에 위치한 사업체의 배당금으로 구성된다. 헤른후트 형제단 재단은 연합회 이사회에 의하여 임명되고, 헤른후트 형제단의 여러 지역의 대표가 포함되는 이사회에 의해 운용된다. 본부는 네덜란드 암스테르담에 위치하고 있

다. 자세한 내용은 www.mcfworld.com을 참조하라.

2.6.6. 헤른후트 형제단 선교와 개발 위원회는 새로운 세계 증인(New World Witness) 프로그램에 의하여 파생되어 형성된 위원회로 헤른후트 형제단의 선교를 추동시키고 협력하는 것을 모색한다. 이 위원회는 형제단의 4개 지역으로부터 12명의 대표로 구성된다: 아프리카 지역 4명, 카리브 지역 2명, 유럽 및 북미 선교기관 각 1명으로 구성된다. 이사회는 적어도 2년에 한 번씩 모인다. 이사회의 임무는 새로운 선교 사업을 모니터링하고, 기존의 사역의 진행 상황을 평가하고, 선교 사역을 위한 기금을 결정하고, 연합회의 사역 및 개발 기금을 집행하며, 선교 지역과 지역공동체 및 선교 단체 간의 협력관계를 조정한다(7.5 참조).

2.7. 헤른후트 형제단 기도

형제단 기도운동은 헤른후트 형제단의 모든 지역 공동체와 선교 현장에서 참여하는 지속적인 중보기도의 한 형태다. 한해의 기도 달력은 여러 지역에 할당된 것을 더 작은 단위로 나눈다. 각 지역 관구의 기도 시간은 순서대로 회원들 사이에 배정된다. 이런 방식으로 헤른후트 형제단의 모든 회원은 사역과 연합을 위한 연속기도를 한다. 어떤 지역 관구에서는 연합회의 다양한 분야의 정보와 기도 제목 문서들을 제공하여 회원들의 기도를 돕는다. 하루 24시간, 1주에 7일, 1년 365일, 헤른후트 형제단을 위한 기도가 어디선가 드려지고 있다는 사실은 위안을 준다. 형제단의 창립 기념일이 1457년 3월 1일이므로 3월 1일을 연합기도의 날로 결정했다. 이 날 모든 헤른후트 형제단 구성원들은 함께 각 지역에서 지원하는 어떤 특정 사역의 프로젝트를 위해 특별 형제단 헌금을 한다.

역사

연속기도운동은 헤른후트에 있는 헤른후트 형제단 교회에서 시작되었다.

1727년 8월 13일 성만찬은 헤른후트 형제단으로 하여금 그들을 위해 하나님께서 특별히 새로운 공동체를 형성하게 해주셨다는 사실을 믿음으로 받아들이게 하였다. 이러한 각성을 경험한 다음 날 형제단의 남자와 여자들은 "회중 모임을 위한 거룩한 깨어있음"을 유지하기로 결심했다. 이것은 쉬지 않고 기도하라는 (살전5:17)말씀과? 예언자 이사야가 하나님께서 예루살렘 성벽에서 파수꾼을 세워 밤낮으로 깨어있게 하신다는 예언의 약속을 상기시키는(사62:6-7) 것으로 보였다. 헤른후트 형제단 일기에는 다음과 같이 기록되어 있다: "이 시간은 우리의 회중모임에게 있어 가장 연약한 때이며 사탄의 공격이 자주 나타나므로, 우리 자신은 물론 공동체 구성원들을 지키기 위해 계속해서 밤낮으로 깨어있을 필요가 있음을 숙의하였다. 그러므로 우리 마을을 위해 자발적으로 밤낮으로 기도의 불을 밝힐 것을 결의했다." 며칠 후 8월 25일에 여러 형제자매가 각기 밤낮으로 1시간씩 각자의 처소에서 기도하기로 서명했다. 이러한 연속 기도운동은 "시간제 기도(Stundengebet)"로 알려지게 되었다. 새로운 회중 모임이 세워질 때마다 이러한 연속기도 또한 제시되었다. 비록 모든 시간대를 채우는 것이 어려울지라도, 남성과 여성들이 기도의 직무를 위해 선출되었다. 때로는 한 사람의 형제 또는 자매가 하루 24시간을 전부 책임지기도 했다. 헤른후트 형제 단원들은 모든 활동을 하나님께 대한 섬김으로 간주했기 때문에 일상생활에서나 취침 시간에도 연속기도에 참여하는 것이 가능했다. 그렇다고 지나치게 엄격한 것은 아니었기 때문에 헤른후트 형제단은 사람이 부족할 때는 밤시간을 비워두기도 했다.

이 연속기도는 헤른후트 형제단 공동체에서 수십 년 동안 이어왔지만, 1800년 경, 여러 공동체가 매시간 연속기도를 위한 기도 지원자를 찾는 것이 점점 더 어려워지기 시작했다. 1825년에 와서는 전통적 형태의 시간제 연속기도가 더 이상 각 공동체의 필수요건이 아니라는 결론을 내렸다. 그 후 많은 공동체가 시간제 연속기도를 일반 기도 모임으로 대체했다.

1957년, 형제단의 창립 500주년을 맞이했을 때 독일 헤른후트 여성 그룹은

500주년 기념의 해에 국제적인 공동체를 위한 연속기도를 되살리자는 제안을 했다. 2차 세계 대전 후 헤른후트 형제단 내에서 전 세계의 연계성에 대한 새로운 깨달음이 생겼다. 특히 자유롭게 여행할 수 없는 철의 장막속의 헤른후트 형제단에게는 그들이 더 큰 연합 공동체에 속하였다는 것을 알려주는 것이 아주 중요했다. 헤른후트 여성단체의 제안은 연합회 내에서 큰 관심을 갖게 했다. 1957년의 연합회 총회에서 미국 남부 지방은 만장일치로 연합 연속기도운동을 지속할 것을 제안했다. 결과적으로, 연합 연속기도운동은 헤른후트 형제단 영성의 항구적 특성이 되었을 뿐만 아니라 연합회의 결속에 중요한 요소가 되었다. 1988년 연합회 총회는 세계 헤른후트 형제단에게 이 기도 운동의 중요성을 강조했다. 최근 헤른후트 형제단 연속기도의 전통은 다른 교회들, 특히 영국과 미국의 은사주의 운동 단체들의 24-7기도 운동에서도 찾아볼 수 있다.

2.8. 헤른후트 형제단 매일 말씀 묵상(로중)

헤른후트 로중은 매일의 '암호'(Watchwords)로도 알려져 있으며 헤른후트에서 제공되고 전 세계 50개 이상의 언어로 번역되어 묵상집의 달력 형태로 배포되는 구약성서와 신약성서의 짧은 성구다. 헤른후트 형제단에 속한 많은 이들에게 그날의 "로중"을 읽는 것은 개인적인 묵상뿐만이 아니라 전 세계 그리스도교 신자들과의 연결된 표시로 그들의 경건생활에 중요한 부분을 차지한다. 히브리 성서와 신약성서를 조합하여 읽는 것은 그리스도인이 아브라함의 신앙과 이스라엘 백성의 역사와의 관련 속에서 어떻게 신앙을 지킬 것인가를 상징한다.

역사

하루를 위한 "로중"으로 성경구절을 매일 나누는 실천은 친첸도르프 백작과 초기 헤른후트 형제단 회중 모임의 삶으로 거슬러 올라간다. 친첸도르프는 보통 저녁에 경건회를 열었는데 1728년 5월 3일 예배에서 사람들에게 다음날 기억하고 생각할 수 있도록 짧은 성서구절을 읽었다. 그것은 군대에서의 "암호(watch-word)"와 같은 것이었는데, 그것은 공동체의 구성원들 서로가 그리스도께 속해 있음을 확인하는 모토였다. 회중모임이 성장하면서 모든 회원이 저녁 예배에 참석하기가 어려워지자, 누군가가 아침에 각 가정에 그날의 말씀을 전달하도록 지명되었다. 헤른후트 '로중'의 첫 번째 인쇄본은 한 해 동안 매일 읽을 수 있도록 1731년에 출판되었다. 로중은 아마도 공동체와의 교제를 갈망했던 다른 지역에 살고 있는 헤른후트 형제단 구성원들을 위한 것이었다.

친첸도르프가 살아있는 동안에는 적절한 성서 구절 묶음에서 '로중'을 편집했다. 그는 또한 "교리적 본문"으로 알려진 두 번째 책자를 만들었다. 친첸도르프가 사망한 후에는 위원회가 로중 편집을 계속했다. 최종적으로 모든 로중 말씀은 미리 선택된 구약성구들에서 제비뽑기로 로중의 구약성서 구절이 결정되는 것으로 정해졌다. 반면에 교리적 본문은 신약에서 선택되는 것으로 확정되었다. 19세기 말경에 와서야 구약성서 구절과 의미의 적합성을 기초로 신약성서 구절을 선택하는 것이 관례화되었다. 초창기부터 찬송가 가사 혹은 기도문이 성서구절에 추가되었다.

현재의 실행. 구약성서의 구절들은 제비뽑기로 선택되고 신약성서의 구절이 추가된다. 이러한 과정은 매년 세계 형제단 공동체를 대신하여 독일 헤른후트에서 이루어지며, 그곳에서 결정된 로중 본문이 다른 헤른후트 형제단 지역뿐만 아니라 해외의 에큐메니칼 파트너들에게도 배포된다.

여러 다양한 언어로 된 번역판이? 각 지역의 필요에 적합한 형태로 제작되는데, 로중의 외형은 국가별로 아주 다르다. 어떠한 로중 버전은 매일의 성서구절

과 찬송가 그리고 기도를 위한 별도의 페이지에 인쇄되어 있다. 다른 버전은 며칠 동안의 내용이 한 페이지에 인쇄되어서 얇은 포켓용으로 만들기도 한다. 어떤 버전은 인쇄와 제본 기술의 예술적인 제품이 되기도 하고 심지어는 간단히 복사되어 스테이플로 엮어진 제품도 있다. 로중의 장점은 주석이나 예화로 방해받지 않는 성서본문을 제공하는 데 있다. 성서 말씀은 그 말씀 자체로 각 독자들의 삶 안에서 말하게 한다. 이러한 장점이 로중을 다른 형태의 기도와 연구에 적용될 수 있도록 한다.

헤른후트 로중은 다양한 언어 번역판으로 구성되어 있으며 아마도 성서 다음으로 세계에서 가장 많이 읽는 묵상집이다. 각각의 로중은 모든 대륙에 있는 그리스도인들 사이에 보이지 않는 유대감을 형성하여 신앙고백과 인종과 언어 및 정치적 장벽을 넘어서게 한다. 이처럼 조용한 방식으로 로중은 전 세계 기독교를 위한 진정한 에큐메니칼 디아코니아를 수행하고 헤른후트 형제단 연합의 유대감의 표식으로 존재한다.

매일 깨어나는 아침마다
언덕위에 떠오르는 로중 말씀,
순례 여정 중인 우리를
여전히 인도하고 보호하신다.
모두를 하나로 연결해주시는 말씀으로,
한마음 한뜻이 되어
부활하신 주님의
사랑과 섬김으로 감싸주신다.

(A. J. 리위스)

2.9. 기념일

헤른후트 형제단 교회는 하나님 은혜와 관련된 중요한 경험에 대해 감사하며 기억하는 교회이다. "기념일"의 실행은 성경에 근거한다. 예를 들어, 유월절 축제는 이집트의 노예 생활에서 유대인의 출애굽을 기억하고 기념하기 위해 제정되었다(레23:5-8). 그리스도인에게 성 금요일은 예수의 십자가 처형을 기억하는 날이고, 부활절은 예수의 부활을 기념하고, 오순절에는 성령의 은사를 기념한다. 헤른후트 형제단에서는 비록 모든 지역에서 준수되는 것이 아니지만, 형제단의 역사에 여러 중요한 사건을 상기시키기 위한 기념일이 있다.

기념일들은 다음과 같다:
- 3월 1일 : 1457년 헤른후트 형제단 창립 기념일 (제 1장 4.1 참조)
- 5월 3일 : 1728년 헤른후트 로중 시작 기념일 (제 2장 8 참조)
- 6월 17일 : 1722년 헤른후트 건설 기념일 (제 1장 4.2 참조)
- 7월 6일 : 1415년 얀 후스 순교 기념일 (제 1장 4.1 참조)
- 8월 13일 : 1727년 베르텔스도르프 영적 각성 기념일 (제 1장 4.2 참조)
- 8월 17일 : 1727년 어린이들의 각성 기념일 (아래 참조)
- 8월 21일 : 1732년 헤른후트 형제단 선교회 창립 기념일 (제 7장 1 참조)
- 11월 13일 : 1741년 예수 그리스도 대표 장로 선포일 (제 2장 1 참조)

이러한 기념일들에 대한 정보는 8월 17일 이야기만 제외하고는 이 지침서를 통해 발견할 수 있다. 이런 이유로, 그 이야기는 여기에 서술한다:

1727년 8월 13일 헤른후트 형제단 공동체의 영적 각성 이후, 그 지역 어린이들 사이에서도 각성운동이 있었다. 그 운동은 11세 소녀 수잔나 퀴넬과 함께 시작되었다. 모친과의 사별 이후, 임종 시 소녀에게 남겨진 모친의 바람이 깊은 인상을 남겼다. 어느 날 밤, 소녀는 정원에서 기도하면서 개인적인 구원의 확신을 갖게 되었다. 소녀의 집은 고아원 학교 옆집이었는데, 그 학교에서 간증을 할 수 있는 기회가 많았다. 그 소녀의 간증으로 아이들 사이에서 각성운동이 일어났다. 소녀가 자신의 구원에 대해 개인적으로 확신한 날짜인 8월 17일 이후부터 헤른후트의 어린이들의 각성을 기념하는 형제단의 기념일이 되었다. 이 날을 기념하는 중요한 이유는 아이들의 영적인 삶을 소중하게 여기고 양육하는 헤른후트 형제단 전통의 지혜이다.

토론을 위한 물음:
- 수석 장로로서 그리스도는 여러분 개인과 공동체에 무엇을 의미합니까?
- 여러분에게 교회에서 어떤 상징이 가장 중요합니까? 그 이유는?
- 헤른후트 형제단의 구조에 관해 어떤 질문이 있습니까?
- 연속 기도회에 참여합니까? 당신은 매일 로중을 묵상합니까?
- 우리를 공동체로 묶는 가장 중요한 것들은 무엇이라고 생각합니까?

Resources:

Church Order of the Unitas Fratrum(Moravian Church), Christiansfeld 2017. http://www.unitasfratrum.org/?dl_id=73

Atwood, Craig D., and Peter Vogt, editors. *The Distinctiveness of Moravian Culture*. Nazareth: Moravian Historical Society, 2003.

Motel, Hans-Beat. "The Moravian Church as a Global Community," *The Hinge* 11.1 (2005). https://issuu.com/moravianseminary/docs/hinge11.1

Sawyer, Edwin A. *All About the Moravians: History, Beliefs, and Practices of a Worldwide Church*. 2nd edition. Bethlehem and Winston-Salem: Moravian Church in America, 2008.

Peucker, Paul. "Beyond Beeswax Candles and Lovefeast Buns," *The Hinge* 17:1 (2010). https://issuu.com/moravianseminary/docs/hinge_17_1_beyondbeeswaxpeucker

Vogt, Peter. "God's Present Voice: The Theology and Hermeneutics of the Moravian Daily Texts (Herrnhuter Losungen)." *Communio Viatorum: A Theological Journal published by the Protestant Theological Faculty of Charles University in Prague* 50 (2008): 55-73.

제 3장

"모든 것 가운데 사랑"
: 신학에 대한 헤른후트 형제단의 접근

가장 근본적인 의미에서 신학은 "하나님에 대해 말하는 것"이다. 일반적으로, 이 단어는 그리스도교 신앙의 가르침을 연구하고 설명하는 학문 분야를 묘사하는 데 사용된다. 특히 우리는 교회 생활과 선교 사역에 관련된 중요한 신학적 언명을 성서에서 찾는다. 중요한 언명은 베드로전서 3장 15절의 말씀이다: "너희 안에 있는 소망에 대하여 묻는 사람들에게 항상 대답할 준비를 하라." 한편으로, 신학의 임무 중 하나는 이전 세대로부터 우리에게 맡겨진 가르침을 알고 보존하는 것이다(딤후1:13). 다른 한편으로, 복음을 듣는 사람들에게 특정한 상황에서 의미있고 적합한 복음을 전파해야 한다는 것도 포함된다(고후9:19-23). 따라서 '신학함'(doing theology)의 임무는 그리스도교 신앙의 메시지를 우리가 살아가는 삶의 맥락으로 해석하고 노력하는 과정에서 신학적 전통에 대한 존중은 물론 새로운 문화적 역사적 상황에 대한 경험에 대한 개방성을 동시에 요구한다. 이번 장에서 우리는 헤른후트 형제단의 신학 접근 방식을 특징짓는 몇 가지 중요사안을 개괄적으로 설명하고 오늘날의 신학적 성찰에 대한 우리의 임무를 위해 유익한 지침을 제공하고자 한다.

헤른후트 형제단 신학의 중요한 출발은 승리하신 어린 양이라는 상징과 "우리의 어린 양은 승리하셨다. 그분을 따라갑시다."라는 슬로건이다. 어린 양은 그

이 장의 초안을 작성해주신 크레이그 애드우드 박사와 추가 자료와 중요한 통찰들과 유용한 조언과 교정 등으로 초안 개정에 도움을 주신 모든 분들께 깊은 감사를 드린다.

리스도께서 우리를 위해 생명을 주시고 죄와 사망의 권세에서 구원해주신 분임을 상기시켜 준다(2.2.2 참조). 그러나 이러한 상징의 의미는 과거에만 국한되지 않는다. 어린 양은 여전히 앞으로 나아가며 우리에게 따르라고 촉구한다. 그리스도는 우리를 위해 구원을 이루셨다. 이제 우리는 그가 인도하는 곳으로 나아가도록 부름받는다. 그것은 오늘날 우리가 살아가는 시대안에서 하나님의 뜻을 추구해야 한다는 것을 의미한다. 헤른후트 형제단의 슬로건은 현재뿐 아니라 미래에까지 우리의 관심을 이끈다. 이것은 교회가 그동안 가르쳐 온 것을 무시해야 한다는 것을 의미하지는 않는다. 오히려 오늘날 하나님의 인도하심에 충실하고자 노력할 때에 믿음의 선조들의 지혜를 배워야 한다는 것이다. 사실, 헤른후트 형제단 교회의 중요한 신학적 통찰은 우리 역사의 구체적 경험들과 직접적으로 관련이 있는 것이다.

3.1. 성서에 기반한 그리스도를 따름

15세기에 형제단이 건립되었을 때, 새로운 교회공동체를 세우는 것은 불법이었다. 쿤발드의 형제자매들이 독자적인 예배 의전을 사용하고 감독과 성직자를 임명하기로 결정한 것은 당시의 법을 어긴 것이었다. 그들은 그와 같이 급진적인 방식으로 기존의 전통적 교회와 단절함으로써 자신의 신념을 설명해야 했다. 새로운 공동체를 시작한 이유는 중세 가톨릭교회에서 만든 모든 전통을 지키기보다는 신약성서의 예수의 가르침대로 살기를 원했기 때문이었다.

그들은 예수께서 사랑과 자비의 실천에 기초한 진정한 의를 위해 그들을 불렀다는 사실을 믿었다. 복음서에 나오는 예수의 전 생애와 삶은 그들이 어떻게 살아야 할 것인지 교훈하는 모델이었지만, 산상수훈은 예수의 가르침에서 가장 중요한 부분이었다. 여기에서 예수는 마음이 청결한 자, 심령이 가난한 자, 평화를 이루는 자, 자비를 베푸는 자, 의로운 자, 애통하는 자들이 하나님으로부터 진정한 복을 받은 자임을 분명하게 명토박았다. 산상수훈에서 예수는 원수를 사랑하고 박해하는 사람들을 축복하라는 새로운 계명을 주었다. 헤른후트 형제단 공동체의 처음 구성원들은 그리스도인이 무기를 들고 인간의 생명을 해칠 수 없다고 가르쳤다. 그들은 법정이나 정치적인 연설에서 어떠한 맹세를 해서도 안 되었다. 그들은 언제나 정직하게 이웃과 평화롭게 살며 타인들을 향해 자비와 용서를 실천하도록 부름을 받았다. 초기의 형제자매들은 성도라면 모든 상황속에서 그리스도를 매일 따라야 한다고 믿었다. 그들은 정직하게 사업을 해야 했고 부자가 되려고 노력해서는 안 되었다. 그리스도인들은 겸손한 삶을 살며 자신보다는 하나님과 이웃을 섬겨야 한다고 여겼다. 그들은 단지 하나님을 믿는 것만으로는 충분하지 않다는 것을 깨닫고 신앙이 헌신과 사랑실천으로 표현되어야 하며, 복음을 위한 고난과 박해를 받을 때까지 나아갔다.

헤른후트 형제단은 성서를 신학적 성찰을 위한 출발점으로 사용하면서 개신교 계열로 이동한다. 형제단은 모든 해석의 기준을 예수의 가르침과 예증으로 삼기에, 성서의 증언은 교회와 사회의 삶을 검증하고 개혁을 지향하는 규준이 된다. 마찬가지로, 성서는 헤른후트 형제단 교회의 신앙과 교리의 표준으로 간주된다. 모든 신학적 가르침은 성서적 메시지에 비추어 검증을 받아야 한다.

3.2. 필수적인, 목회적인, 부수적인 것들의 차이

초기부터 헤른후트 형제단은 구원을 위한 핵심사역과 목회 사역 그리고 부수적 사역들로 구분했다. 이 구별은 1464년에 이미 도입되었으며 초창기 연합회의 주요 신학자 중 한 명인 프라하의 루가 감독(1460-1528)에 의해 더욱 발전되었다. 루가는 그리스도교 역사에 있어 계속되어온 분쟁과 혼란은 목회적인 것으로부터 본질적인 것을 구분하는 데에 실패하였기 때문이라고 생각했다. 초기 헤른후트 형제단은 구원의 실제는 인간의 제도적 차원과 혼동되어서는 안 된다고 주장한다.

프라하의 루가에 따르면, 구원의 본질적인 것은 여섯 개의 항목을 말한다. 필수적인 것에는 두 가지의 다른 유형이 있다. 먼저 인간의 행동에 의존하지 않는 하나님의 행동이다. 이것은 하나님의 선물이기 때문에 하나님의 "은총"의 행동이라 부를 수 있다. 삼위의 각 인격은 각자 필수적인 것으로 연계된다. 물론 이러한 신성한 행동은 창조이다. 하나님 아버지는 우주를 사랑으로 창조한다. 하나님이 창조한 것은 선하다. 이것은 "땅과 그 안에 가득 찬 것이 모두 다 주님의 것"(시 24,1; 고전10,26)이다. 그리고 모든 인간은 하나님께 속해 있다. 두 번째 하나님의 자비롭고 신성한 행동은 죄와 죽음으로부터 인간을 구하신 행동이다(롬8,1-15). 죄는 인간을 타락하게 했지만 하나님은 예수 그리스도의 사역을 통해 모든 인간을 회복시키셨다. 그리스도는 우리를 구원하셨고 우리 영혼을 사셨다(벧전1,18). 죄로 가득한 피조물인 우리는 스스로를 구원할 수 없다. 하지만 그리스도는 우리를 구원할 수 있고 우리는 그와 함께 영원한 복 가운데 살아가는 것이 가능하게 되었다. 세 번째 하나님의 필수적인 행동은 하나님이 성령을 우리에게 보내주셔서 우리를 거룩하게 하시는데, 우리는 그것을 종종 성화라고 부른다. 우리 자신의 노력으로는 우리 스스로 거룩하게 되거나 의롭게 될 수 없다. 우리는 자신의 힘으로 그리스도의 가르침을 따를 수 없다. 하나님께서 우리안에서 우리를 변화시켜야 한다. 이러한 것들이 첫 번째 세 개의 필수적인 것이다: 하나님의 창조사역, 하나님의 구속사역, 하나님의 축복사역. 이것은 우리가 하나님을 삼위로 찬양하는 이유이다: 아버지, 아들 그리고 성령. 삼위일체 하나님은 세상에서 모든 인간과 피조물의 복을 위해 일하신다.

인간의 측면에서 본질적인 요소는 신앙, 소망, 사랑(고전13,13과 데전1,3)인데, 그것은 하나님 은혜에 대한 인간의 필연적인 반응이다. 많은 개신교 교회는 인간이 신앙으로만 의롭게 된다고 가르친다. 그리고 우리는 신앙의 중요성에 대해서는 이의를 제기하지 않지만 헤른후트 형제단 교회가 세워진 이후 우리는 신앙은 사랑안에서 완성되어야 한다고 가르쳤다. 신앙과 사랑 그리고 소망은 밀접하게 연관이 있고 분리될 수 없다. 신앙(Faith)은 "믿음(belief)"과 같은 것이 아니다. 신앙은 우리가 하나님을 신뢰하고 하나님 손안에 우리의 생명을 맡기는 것을 의미한다. 또한 사랑은 단순한 감정이 아니라 행동이다. 하나님을 사랑하는 것은 하나님의 뜻을 추구하는 것이다. 이웃을 사랑하는 것은 이웃을 위해 선을 행하고 해치지 않는 것이다. 초기 형제단에게 있어, 사랑은 윤리적으로 표현되었다. 결국 하나님안에서 신앙을 갖고 사랑의 법에 따라 살면 소망을 갖게 될 것이다. 소망은 미래를 향한 것으로 보여지기 때문에 소망은 필수적인 목록에서 마지막에 서술된다. 우리는 언젠가 영원한 기쁨안에서 그리스도와 함께 있을 것이라는 소망을 가지고 살아간다. 그것은 우리가 용기있게 미래를 맞이하게 하는 소망이다.

목회적인 사안은 필수적인 사역을 이루는 데에 있어 중요한 항목을 포함한다. 하지만 그 자체로 직접 구원에 관련된 사안은 아니다. 목회적인 사안은 "비본질적인 것"이 아니다(3.7 참조). 그들은 거룩하고 가치있는 것들로, 하나님은 우리를 신앙, 사랑 그리고 소망안에서 살아가기 위해 도움을 제공하셨다. 목회적인 사안은 성경과 그리스도의 몸으로서 교회, 안수받은 성직자, 성만찬, 교회 교육의 실행 그리고 신학적인 교리가 포함된다. 반대로, 부수적인 것은 예배 순서나 찬송가 사용 그리고 목회자 의상같은 시간과 상황에 따라 변할 수 있는 특별한 관습들이다.

필수적인 것과 목회적인 것 사이의 차이를 이해하는 길은 500년 전의 헤른후트 형제단이 어떤 것과 같았는가를 생각하는 것이다. 정부가 감독을 투옥하고, 성경을 불태우고, 교회 건물을 폐쇄하고, 세례 의식과 성만찬을 못하게 한다면, 여러분은 여전히 그리스도인일 수 있겠는가? 만약 그렇다면 필수적인 것은 아무것도 없는 셈이다. 하지만 평범한 상황에서, 감독과 성직자를 세우고, 성경을 가질 수 있고, 교회에서 만나 성례전을 거행하는 것은 그리스도인 생활을 위해 매우 중요한 것일 것이다. 다시 말해서, 목회적인 것은 기능적인 역할이다. 그들은 "목회적인"이라고 불리워진다. 왜냐하면 그것은 필수적인 것을 돌보는 기능이기 때문이다. 프라하의 루가에 따르면, 예수 그리스도는 그들안에 영적으로 현존한다.

마치 이것은 구원의 선물이 그들 사이에 중재되어진 것과 같은 것이다. 결국 목회적인 것과 부수적인 것은 그 자체로 가치가 있는 것이 아니다. 왜냐하면 그들은 우리를 필수적인 것으로 인도하기 때문이다: 신앙안에서 하나님의 은혜를 받아들이는 것, 사랑으로 그리스도의 희생에 응답하는 것, 그리고 용기와 소망안에서 성령의 선물로 세워나가는 것.

1995년 연합회 총회가 개최되면서(COUF 855 참조), 신학적 성찰에 대한 루가의 탁월함이 재발견 되었다. 2006년 연합회 신학위원회(UCOT, 2.6.1 참조)는 다음의 통찰을 가져오는 데에 중요한 기여를 하게 되었다. 즉 우리는 "필수적인" 것을 교리의 형식이 아니라 관계의 형식에서 이해할 필요가 있다는 사실이다. 구원의 필수적인 것은 "신앙과 소망 그리고 사랑안에서 삼위일체 하나님과 함께하는 관계"이다. 구원은 하나님이 인간에게 다가오고 인간이 응답함으로 벌어지는 사건이다. 인간의 관계안에서 신앙과 소망 그리고 사랑의 발현은 하나님의 구원의 행하심과 나란히 나타난다. 즉 관계적인 것이다: "창조사역안에서의 아버지(세상과의 관계), 그리고 교회에 선물을 주는 성령(구원받은 공동체와의 관계)."

다른 말로 하면, 필수적인 것은 교리적인 진술로 표현되지 않고 하나님과 신자 사이의 살아있는 관계안에서 구현된다. 우리 인간의 이해력은 한계가 있고 일면적일지라도 실질적인 것이다. 이러한 것은 구원에 갈급한 이들을 위하여 하나님 자신의 주권과 자비로운 중재로 표현된다. 이런 이유로, 구원의 필수적인 것은 인간의 눈에 직접적으로 보여지는 것이나 제도적인 교회 생활안의 어떠한 특수한 부분으로 완전히 일치되어지는 것이 아니다.

그럼에도 인간은 시간과 공간안에서 실재하는 하나님과 관계하는 하나의 통로를 필요로 한다. 이러한 통로가 목회적인 것이 벌어지는 곳이다. 그리스도인의 삶은 이러한 것들이 없이는 불가능하다. 하지만 이들은 자신이 전부가 아니다. 따라서, 연합회 신학위원회(UCOT)는 목회적인 것을 다음의 것들의 영역으로 정의하도록 제안하였다: "목회적인 것은 그 자체로 독립해서 가치가 있는 것이 아니라 필수적인 것을 돕는다. 즉 그들은 필수적인 것을 중재하고 강화를 할 수 있지만 필수적인 것을 혼란스럽게 하지 않는다." 마지막으로, 부수적인 것은 "실행되어지는 것에 있어 다른 길들"을 말한다. 이것은 다양한 장소에서 다양한 방식으로 행해지는 예배의식과 교회 구조의 모든 문제를 포함하며, 특히 각각의 상황이 필요로 하는 특수성과 지역의 풍습의 지평에서 이루어지는 것을 포함한다.

전체적으로 보면, 필수적인 것과 목회적인 것 그리고 부수적인 것 사이의 구분은 헤른후트 형제단 전통의 지혜를 드러낸다. 우리가 구원과 교회 생활을 본다면 다른 가치와 중요성에 대한 것을 발견한다. 하나님이 하시는 것과 인간이 하는 것 사이의 차이를 아는 것은 우리에게 용기를 준다. 신자들 사이의 호혜에 대한 감사함과 성서를 소중하게 여기는 것을 포함하여 그리스도교 신앙의 제도적인 면에 대해 진가를 인정하는 것은 우리에게 용기를 준다. 그리고 교회의 실천이 실행될 수 있는 많은 길이 있다는 것을 인지하는 것은 우리에게 도움을 준다.

비록 코메니우스 시대 이후 헤른후트 형제단이 필수적인 것과 목회적인 것 그리고 부수적인 것에 대한 용어를 사용하지는 않았지만 형제단의 신학적인 이해가 항상 하나님의 일과 신앙과 사랑 그리고 소망안에서 인간의 응답이 기본적이라고 강조했다는 것을 인식하는 것은 도움을 준다. 성서와 교회, 설교, 성례전 그리고 교리의 목적이 모든 이에게 하나님안에서의 더 큰 신앙과 하나님의 피조물(특히 우리의 이웃)을 위한 더 큰 사랑 그리고 미래를 위한 더 큰 소망으로 우리를 인도하는 것이다. 헤른후트 형제단은 각 교회안의 필수적인 것에 대해 드러난 것을 보면 교리적인 차이가 있음에도 불구하고 다른 교회안의 그리스도인들과 함께 예배와 친교 그리고 사역을 기꺼이 하고자 한다.

3.3. 구원자로서 그리스도를 아는 것

친첸도르프의 지도하에 헤른후트 형제단이 창립되면서 형제단 교회의 신학적 성찰의 새로운 장이 열렸다. 친첸도르프는 루터교 출신이었지만, 1737년에 형제단의 감독으로 임명되었고, 새 헤른후트 형제단 공동체의 주요한 신학자이자 지도자가 되었다. 친첸도르프는 당시의 그리스도인들이 너무 안이하다고 생각했고 복음의 역동성을 잃어버렸다고 생각했다. 당시 기존 교회들이 복음의 근본적인 메시지로 사람들의 마음에 다가가지 못했던 반면에, 친첸도르프는 형제단 교회의 갱신을 촉발시키는 새롭고 역동적인 메시지를 전했다. 그는 헤른후트 형제단을 그린랜드로부터 남아프리카까지 변화시키는 선교하는 교회로 변화시켰다. 동부 아프리카에 있는 공동체를 제외한 대부분의 헤른후트 형제단 지역공동체는 친첸도르프의 지도력으로 설립되었다. 헤른후트 형제단 교회의 많은 찬송가와 예식은 친첸도르프 시대에 개발되었고 그의 생각이 반영되었다. 따라서 헤른후트 형제단의 사역자들은 친첸도르프 신학에 관하여 배우는 것이 아주 중요한 사안이다.

친첸도르프 신학의 핵심은 그리스도다. 친첸도르프는 삼위일체 교리를 따르는 사람이었다. 그는 하나님을 성부와 성자와 성령이라고 믿었고, 성자는 성부와 마찬가지로 온전히 거룩하며, 성자는 영원하신 분으로 믿었다. 성자는 창세전에 성부와 성령과 함께 존재했지만, 2000년 전 팔레스타인 땅에 성자께서 마리아의 태를 통하여 인간은 몸을 취하셨다. 이 성육신 사건은 친첸도르프에게 인류 역사상 가장 중요한 사건이었다. 그리스도는 인간이 죄에 빠져 스스로를 구원할 수 없음을 보시고 인간의 형상을 취하여 인간이 되시고 온 인류에게 구원을 베푸셨다. 친첸도르프는 그리스도께서 요한복음 3장 16절의 "하나님이 세상을 이처럼 사랑하사 독생자를 주셨으니 이는 그를 믿는 자마다 멸망치 않고 영생을 얻으리라."고 말씀하신 것처럼 하나님의 구원계획에서 적극적인 역할을 하였음을 강조했다. 사랑하는 아버지로서 하나님에 대한 진정한 이해는 하나님의 영광이 드러났던 것을 볼 수 있는 예수 그리스도를 통하여 온다(고후4,6).

친첸도르프는 성자께서 인간이 되었을 때?이미 구원이 시작되었다고 믿었다. 그리스도는 완전한 하나님이시며 동시에 온전한 인간이었다. 성자의 신성은 남자와 여자의 인간 본성을 축복했다. 여성의 몸, 마음, 영혼은 마리아의 임신과 출산을 통해 축복을 받았다. 남성의 몸과 마음과 영혼은 남성의 몸에서 예수의 인성을 통해 축복받았다. 예수는 온전히 인간이었다. 그의 부모는 여느 부모처럼 예수를 양육해야했다. 그는 때때로 병들기도 했고 감정을 가지고 있었으며 먹기도 하고 마시기도 하셨다. 신의 성품을 갖는다는 것이 그가 인간의 모든 감정을 느끼지 못하게 막지는 못했다. 그는 심지어 사탄에게 유혹을 받았지만 그 유혹을 이겨냈다. 친첸도르프에 따르면, 이 모든 것이 인간의 조건을 변화시켰다. 성육신으로 인하여 인간은 더 이상 자신의 육체와 본성을 부끄러워할 필요가 없게 되었다. 인간은 더 이상 자신의 정욕과 이기적인 욕망에 노예가 될 필요가 없게 되었다. 우리는 그리스도의 삶과 가르침을 따를 수 있으며, 죽음의 경험까지 기꺼이 우리와 나누셨다는 사실에서 위로를 받는다.

친첸도르프에게 있어 그리스도가 구세주임을 아는 것은 그가 십자가에 못 박히고 고난당하고 우리의 구원을 위해 수치스런 죽음을 당했다는 것을 의미한다. 하나님의 사랑의 비밀을 이해하는 열쇠는 "십자가의 도"(고전1:18), 즉 그리스도께서 자신의 생명을 많은 사람의 몸값으로 주었다는 메시지(마가10:25)와 그의 고난과 상처를 통하여 우리가 불행과 죄로부터 나음을 얻었다는 것이다(이사야 53:5). 친첸도르프는 이것이 복음에서 가장 중요한 부분이라고 믿었다. 예수가 십자가에서 죽은 것을 알 때, 인간은 진정으로 하나님의 사랑의 깊이를 이해할 수 있다. 설교자는 사람들에게 예수 안에서 하나님의 사랑의 그림을 보여주는 화가처럼 되어야 한다. 그리스도인은 십자가에 달려 죽은 그리스도를 사랑하고 십자가 앞에서 여자들과 함께 서는 법을 배워야 한다.

친첸도르프에게 있어 그리스도를 믿는다는 것은 교리나 도덕이 아니라 영원토록 고난의 표시를 지니고 있는 구원자와의 관계에 머무는 것이다. 따라서 친첸도르프는 헤른후트 형제단 선교사들에게 십자가에 못 박힌 구원자를 선포하도록 지도했다. 사람들에게 하나님이 살아있다는 것을 가르칠 필요가 없었다. 왜냐하면 모든 사람들이 그것을 이미 알고 있기 때문이다. 사람들은 각자 자신들의 도덕적 인식이 있기 때문에 도덕적이 되라고 사람들에게 말할 필요가 없다. 오히려 선교사들은 성육신하여 사람들을 위해 죽기까지 사랑하신 하나님에 대해 말해야 한다.?또한 희생의 죽음으로 죄와 사망과 사탄의 권세를 이긴 하나님의 어린 양에 대하여 선포해야 한다. 친첸도르프는 이것이 그린란드 사람들과 아프리카 사람들까지도 깨달을 수 있고 반드시 들어야 할 메시지라고 믿었다(7.2 참조).

3.4. 마음의 종교

친첸도르프는 철학자들이 인간의 이성으로 그리스도교의 진실성에 의문을 제기하기 시작한 계몽주의 시대에 살았다. 철학자들의 주장은 당신이 이해할 수 없는 것은 믿지 말라는 것이었다. 종교에 대한 그들의 견해는 매우 현학적이었고 그리스도를 세상 죄를 위해 십자가에서 고난을 당하시고 죽으신 구세주로서 믿을만한 여지를 남겨 두지 않았다. 그러한 상황에서 친첸도르프는 종교에 관한 대안적 견해를 제시할 필요를 느꼈는데 그리스도교를 "마음의 종교"라고 불렀다. 친첸도르프는 그리스도교 신앙은 하나님에 대한 합리적 지식체계가 아니라고 주장했다. 오히려 그리스도교는 그리스도와의 관계다. 이해력의 한계를 지닌 인간이 어떻게 하나님의 무한한 위엄을?모두 파악할 수 있을까? 우리는 하나님이 계시로 알려 주시는 방법으로만 하나님을 알 수 있다. 즉 마음의 체험을 통해 구주 예수 그리스도안에서만 하나님을 알 수 있다. 친첸도르프에게 종교적 인식의 중심은 머리가 아닌 마음이었다. 그는 그리스도께서 내적 감정의 경험으로 자신을 우리에게 알게 하셨기 때문에 어린이나 정신장애인과 같은 제한된 지적능력을 가진 사람들까지도 충분히 그리스도와의 관계를 맺을 수 있다고 주장했다.

살아있는 신앙의 실천에 있어 감정과 경험의 중요성을 강조한 사람은 친첸도르프만이 아니었다. 조지 휫필드나 존 웨슬리와 같은 많은 개신교 각성운동가들도 비슷한 견해를 가졌다. 참된 신앙에는 특정 패턴을 따라야 한다는 개인의 회심 경험이 요구된다고 일부 부흥운동은 가르쳤지만, 친첸도르프는 사람들이 그리스도를 경험하는 방법에 차이가 있음을 인지했다. 그리스도는 개인의 성품과 필요에 따라 모든 사람을 인도하시기 때문에 각 사람에게는 독특한 신앙 여정이 있다.

따라서 어떤 사람은 빠른 믿음의 각성을 체험할 수 있고 다른 사람은 느리고 점진적으로 믿음의 발전을 경험한다. 친첸도르프는 사람들이?그들의 마음 안에서 역사하시는 그리스도께 관심을 기울이며 다른 사람들과도 개인적인 경험을 나누도록 격려했다. 그는 또한 개종자가 의사소통의 한계와 문화적 장애에도 불구하고 그리스도와의 생생한 관계로 이끄는 마음의 종교(religion of heart)가 특별히 선교 현장에 적합하다고 확신했다.

친첸도르프는 마음의 종교를 강조한다. 하지만 그는 정상적인 교육의 지지자였다. 헤른후트 형제단 공동체안의 모든 아동들은 학교를 다녀야 했고 선교지에 있는 사람들조차 읽고 쓰는 것을 배웠다. 모든 신자는 그들 자신이 성경을 읽을 수 있어야 한다. 친첸도르프는 목회자 훈련을 위해 신학교도 세웠다. 그는 지식과 이성같은 마음의 선물이 그리스도와 교회에 대한 헌신을 위하여 훈련되어야 한다는 것을 느꼈다.

3.5. 헤른후트 형제단 강령

"헤른후트 형제단 강령"은 모라비안 전통의 독특한 신학적 접근을 명확히 표현하고자 하는 가장 최근의 시도이다. 그것은 1957년 연합회 총회에서 채택되었고, 헤른후트 형제단 신학의 오랜 발전 과정의 결과물이다.

친첸도르프 백작이 1760년에 세상을 떠났을 때, 새로운 지도부는 형제단 가르침의 독특성을 보존하기위해 깊은 숙고를 한다. 그 결과, 헤른후트 형제단 공동체를 위한 네 가지 "주요 교리" 즉, 그리스도의 신성, 인간의 타락, 그리스도의 죽음을 통한 대속, 성령의 은사 등을 명시한다.?이어지는 150년 동안 네 가지 주요 교리가 추가되었는데, 나열하면, 성부 하나님의 사랑, 그리스도인의 친교, 성령의 열매, 그리스도의 재림 시 죽은 자의 부활 등이다.?헤른후트 형제단은 가정에서나 선교현장에서 주로 죄와 구속과 회심의 필요성을 메시지의 중심으로 선포했고 당시의 사회 문제나 새로운 신학적 관심사에 대해 다룰 여지는 많지 않았다. 피조물안에서의 하나님의 행동에 대한 중요성과 지상에서의 인간의 책임에는 강조점이 별로 없었다.

하지만 20세기에 들어서, 세계의 헤른후트 형제단 교회에 큰 변화가 생겨났다. 두 번의 세계대전과 공산주의의 대두로 인해 유럽교회는 피폐하게 됐고 동독 헤른후트 형제단은 세계의 나머지 형제단과 단절되었다. 카리브 지역과 아프리카의 이전의 많은 식민지는 독립을 이루었고 헤른후트 형제단의 "선교 지구"에서 독립 관할 구역으로 이전하려는 요구가 일어났다. 게다가, 많은 교회 지도자들이 이전의 "주요 교리"가 더 이상 현대 세계의 헤른후트 형제단 신앙에 대한 근거를 제시하기 위한 효용성을 잃었다고 인식했다. 1957년 연합회 총회는 이러한 관심사에 대해 새로운 교회 규정을 채용함으로 응답했다. 즉 헤른후트 형제단 교회를 자가 관할 구역의 세계 조직으로 정의하고 "헤른후트 형제단 강령"이라는 신앙 진술을 함께 나누게 되었다(The Grund of the Unity, GOTU).

헤른후트 형제단 강령은 2차 세계 대전 발발과 히틀러와 스탈린의 부상 시기에 유럽 신학의 관심사와 같은 방식으로 성찰했다. 이는 단지 그 시대를 위한 진술에 지나지 않았지만, 포스트 식민 세계에 대한 의미있고 중요한 면에 있어 전통적인 헤른후트 형제단의 교설에 대한 신선한 접근이었다. 다시 말해, 교리의 추상적인 면을 넘어 헤른후트 형제단이 복음에 대해 가장 중요시하는 것과 이러한 것이 그리스도인 삶과 교회선교에 무엇을 의미하는가에 초점을 맞춘 것이었다. 헤른후트 형제단의 강령은 연합회 총회에서 두 번의 회합(1982년과 1995년)을 갖고 약간 수정을 하였다. 그리고 형제단 연합은 필요에 의해 더 수정할 수 있었다. 헤른후트 형제단 강령은 이제 오늘날의 전 헤른후트 형제단을 위한 기본 신앙 진술로 자리매김을 하고 있고 헤른후트 형제단 교회의 신학의 모든 논의를 위한 중요한 자료가 되고 있다. 그것은 결코 전 세계 교회의 윤리적인 의무나 그리스도교 교리의 모든 것을 표현할 의도가 없었다. 오히려 그것은 그들의 상황에 맞는 교설을 각 지역이 개발할 수 있는 기초를 제공하려는 데에 의도가 있었다.

여러분은 헤른후트 형제단 강령의 전문을 이 장의 말미에서 읽을 수 있을 것이다. 그것은 관할 지역내의 신학위원회를 위해 중요한 자료이자 좋은 자원이 될 것이다. 우리는 여러분이 그것을 주의깊게 연구하고 읽기를 바란다. 다음의 몇 가지의 해설은 중요한 면을 밝혀줄 것이다.

3.5.1. 선교적 교회로 존재하는 것

우리는 헤른후트 형제단 교회가 하나님이 우리를 세상안에서 선교를 수행하기를 원하시기 때문에 존재한다고 믿는다. 이 선교는 우리 자신을 위해서가 아니라 세상을 위한 것이다. 헤른후트 형제단 교회의 목적은 "복음 선포에 의해 인간을 섬기는 것"이다"(GOTU 1). 다른 말로 하면, 우리는 선교적 교회이다. 세례받은 신자로서 우리는 우리가 보고 들은 것을 증언한다(행22,15). 행동하기 위한 우리의 부름은 모토이다: "우리의 어린 양이 이기셨다. 우리가 그를 따르자." 우리는 다른 이들과 예수 그리스도의 복음을 나누는 일을 위하여 우리의 선물과 보물 그리고 우리 교회의 전통 모두를 사용해야 한다. 복음의 핵심은 하나님이 예수 그리스도를 통하여 모든 인간을 구원하셨다는 메시지이다. 그리스도인으로서 우리가 다른 사람들과 구분되는 것은 우리가 이런 구원의 복음안에서 신앙을 가지고 있고 이웃을 섬김으로 하나님을 두려움이 없이 섬긴다는 사실이다. 예수 그리스도는 세상의 구원자이시고 그를 따르는 이들은 예수가 사랑한 세상이자 예수가 구원하기 위해 죽었던 세상을 사랑해야한다.

3.5.2. 은총의 선물

헤른후트 형제단 강령은 "십자가의 말씀"은 예수 그리스도의 복음의 중심이라는 것을 우리에게 상기시킨다. "십자가의 말씀"은 하나님이 우리를 고통에서 구해주신 것이 아니라 하나님이 우리와 함께 우리의 고통을 경험하셨다는 것이다. 하나님은 우리의 고난의 한 가운데에서 우리를 구원하시고 우리의 불완전함을 받아주신다. 우리는 삶의 한가운데 고투를 하지만 하나님이 은총으로 용서해주시고 교회의 친교속으로 우리를 환영하신다는 것을 믿는다. 그리스도의 모범과 성령의 선물은 우리에게 순전한 사랑으로 이웃을 섬기고 우리 주변의 사람들의 필요를 돕도록 힘을 준다. 여기에는 디아코니아 목회와 선교적 디아코니아 그리고 세계의 평화와 정의를 위해 일하는 것을 포함한다(7장 참조).

3.5.3. 성서와 고백

헤른후트 형제단 강령은 구약성서와 신약성서가 헤른후트 형제단의 교리와 신앙의 유일한 규준임을 확언한다. 성서는 구원의 소식을 포함하지만 교리의 체계로 기술된 것이 아니다. 예수 그리스도안에서의 하나님의 자기 현시는 인간의 신학적 개념을 뛰어넘는 하나의 신비이다. 그런 이유로, 각 세대는 "예수 그리스도의 복음에 대한 더 분명한 선포와 온전한 이해"를 위하여 성서연구를 해야한다(GOTU4). 성서를 해석하고 이해하는 열쇠는 예수 그리스도의 희생적인 죽음에서 보여주신 것처럼 하나님의 이타적인 사랑의 메시지이다. 그리스도교 전통의 신조와 신앙고백은 성서에 부합한 신앙을 표현하도록 인도해준다. 가장 본래의 신앙고백은 초기 그리스도인들의 증언인 "예수 그리스도는 주님이시다"(빌2,11)이다. 다른 고백들은 다른 문서로 알려지지만 헤른후트 형제단 강령은 모든 신앙고백 진술이 성서의 빛 아래에서 검증을 필요로 한다는 것을 분명하게 한다. 이런 이유로, 헤른후트 형제단 교회는 단적으로 말하면, 특별한 신앙고백에 기반한 것이 아니다.

3.5.4. 호혜의 헤른후트 형제단 정신

헤른후트 형제단은 항상 그리스도 몸 안의 형제 관계 혹은 호혜 관계와 자신을 일치해왔다. 우리는 다른 교회를 거부하지 않고, 오히려 에큐메니칼 연계와 협력을 더 추구한다. 신학적 견해의 차이는 주님안에 형제와 자매로서 서로를 인식하는 것을 방해하지 않아야 한다. 회중 모임과 전체 헤른후트 형제단안의 호혜정신에 대한 것이 같다는 것은 사실이다. 헤른후트 형제단의 기초는 대표 장로이신 예수 그리스도안에서 발견되어진다. 그 분은 우리가 다름에도 불구하고 서로를 용납하도록 부르신다. 주님의 이름안에서 호혜의 띠는 남성과 여성, 젊은이와 노인, 가난한 이와 부유한 이, 인종적 차이와 문화의 차이를 극복한다. 따라서, 호혜에 대한 헤른후트 형제단 정신은 포괄성의 정신인데, 헤른후트 형제단 강령에 아주 분명하게 서술되어있다: "우리는 인종이나 신분을 이유로 배제하는 것을 반대한다. 우리는 이것을 주님의 계명으로 간주하여 공적인 증언을 하고 우리가 그리스도안에서 형제와 자매라는 것을 말씀으로 표명한다"(GOTU 7).

3.6. 성서 해석

성서에 기록된 복음의 메시지는 헤른후트 형제단 교회안에서 헌신의 삶과 교리의 가르침을 위해 필수적이다. 헤른후트 형제단은 초기부터 성서를 알고 자신의 언어로 성서를 읽고 이해하는 것은 매우 중요한 사안이었다. 옛 형제단 연합체의 하나의 커다란 업적은 크렐리스(Kralice) 성서로 알려진 체코어로 번역된 성서인데, 그 성서는 1579년부터 1593년까지 여섯 번의 판에 걸쳐 출판되었다. 새 헤른후트 형제단 교회안에서 로중은 매일의 일상에서 성서를 통해 혜안을 얻을 수 있게 하였다(2.8 참조). 친첸도르프 백작은 그가 살아갔던 시대의 언어로 신약성서를 새로이 번역을 준비하였다. 선교지에서 헤른후트 형제단은 성서번역을 위하여 피선교지의 언어를 배우고 학습하는 데에 열성이었다.

헤른후트 형제단 교회가 다른 교회들과 나누는 중요한 일은 성서 해석이다. 2000년 혹은 3000년 전에 기록된 성서의 말씀을 오늘날 우리가 선포한다. 하지만 예전에 말한 것과 이해하는 것을 듣기 위하여 올바른 방법은 무엇인가? 헤른후트 형제단 강령(COUF 6조)은 헤른후트 형제단이 이 문제에 어떻게 접근해야 하는지에 관련해 몇 가지 중요한 안목을 제공한다:

- 구약성서와 신약성서에 계시된 삼위일체 하나님은 우리의 삶과 구원의 유일한 원천이시다. 성서는 형제단의 신앙과 교리 그리고 우리의 삶을 나누

는 유일한 표준이다.
- 헤른후트 형제단은 성서와 복음서의 가르침의 중심이 십자가의 말씀임을 인정한다.
- 성서 해석과 교회안의 교리와의 소통안에서 지난 2000년간 다양한 교회 전통과 신앙안에서 우리를 인도하는 헤른후트 형제단 선배들의 지혜를 바라보면서 예수 그리스도의 복음을 더 분명하게 선포하고 이해하기 위해 기도한다.
- 하지만 성서는 교리체계를 담고 있지 않다. 그래서 형제단은 자신의 것을 개발하지 않았다. 왜냐하면 예수 그리스도의 신비는 성서안에서 증명된다는 것을 알기 때문이었다. 그것은 사람들의 마음이나 인간의 진술로 완전히 이해하거나 표현될 수 없기 때문이다.
- 성령을 통하여 성서안에 완전하고 분명하게 계시된 구원에 대한 하나님의 뜻을 알 수 있는 것은 사실이다.

성서해석과 관련하여 헤른후트 형제단의 접근은 친첸도르프 백작의 두 개의 중요한 통찰에 기초한다. 먼저, 친첸도르프는 사도 바울의 말씀, 즉 문자는 죽이고 영은 살린다는 말씀을 기억한다(고후3:6). 성서에 대한 이러한 이해의 열쇠는 성육신 사건이었다: 말씀이 육신이 되었고 우리 가운데 사셨다(요한1:14). 마찬가지로 하나님은 그의 거룩한 말씀을 실제 인간의 언어로 나타냈다: 평범한 남자들과 여자들, 수공업자나 농부 그리고 어부들에게 그들의 능력에 따라 그들을 신뢰하면서 그것을 기록하게 하였다. 그런고로 성서의 양식은 불완전하다. 하지만 성령의 능력안에서 불완전한 인간의 말이지만 복음의 메시지를 표현할 수 있고 하나님의 진리로 우리를 인도한다. 두 번째로, 친첸도르프는 성서 구절들은 명확성에 있어 다양한 단계가 있음을 알았다. 구원에 관한 기본적인 진리는 분명하다. 지식의 문제는 역사적 이해를 요구한다. 불확실한 것으로 남는 신비도 있다.

선교지 경험 때문에 헤른후트 형제단은 항상 성서 메시지가 번역과 해석 그리고 설명을 요구한다는 것을 알았다. 그래서 헤른후트 형제단은 때로는 사람들이 성서해석이 다르다는 것을 알았다. 이러한 다름은 때로는 다양한 신학적 문화적 배경과 다양한 방법을 사용하도록 성찰하게 한다. 이것은 세계 헤른후트 형제단 교회의 실질적인 도전이다. 성서를 함께 읽고 해석하면서 우리는 성서해석을 어떻게 해야할지에 대한 대화를 필요로 하게 된다. 다음의 요점은 미국 헤른후트 형제단 지역간 신앙과 직제 위원회의 진술서로부터 차용한 것인데, 이러한 대화속에서 고려된 점은 다음과 같다:

- 인간의 상황과 경험을 통해 주어진, 성서 읽기는 모두 해석의 행위이다.
- 성서는 다양한 방법으로 해석된다. 예를 들어, 문자적 혹은 유비적 방식, 역사적, 상황적, 수사적 해석 등. 모든 방법은 중요한 통찰력으로 인도할 수 있지만 어떤 것도 유일한 것이 아니다.
- 성서는 많은 부분의 총합이다. 많은 다양성 아래 주어진 성서이기에 어떤 특정한 구절은 성서 전체의 빛 아래에서 해석이 되어야 한다.
- 성서 해석은 가슴과 마음, 경건함 그리고 합리성, 행함과 생각하는 것에 의해 인도되어야 한다.
- 신뢰성 있는 해석을 위해 성서본문의 역사적 상황을 고려하는 것이 중요하다.
- 마찬가지로, 우리 자신의 문화적 상황을 인식해야 하며 성서를 문제의식을 가지고 읽도록 한다.
- 헤른후트 형제단의 빛에서 공동체가 강조된다. 우리는 성서해석이 소통과 서로간의 호혜관계 안에서 가장 큰 신뢰를 가져올 수 있다고 확신한다.

3.7. 필수적인 연합, 필수적이 아닌 자유 안에서, 모든 것 중에 사랑

헤른후트 형제단 신학은 뿌리가 깊은 튼튼한 나무와 같다. 만일 나무가 바싹 말라 있으면, 그 나무는 폭풍에 부러질 것이다. 그러나 뿌리가 깊고 탄력이 있으면, 그 나무는 바람에 부러지지 않고 휠 것이다. 헤른후트 형제단은 여러 세기에 걸쳐서 심각한 시련들과 폭풍을 겪었다. 형제단의 교리는 이 힘든 시기를 반영한다. 500년이 넘는 경험은 우리가 복음의 진실성을 유지하기 위해 우리의 신앙을 어떻게 표현해야 할지에 대해 학습을 하게 된다. 급변하는 역사적 환경과 새로운 신학적 통찰들을 통해서 우리의 신앙에 대한 진술도 발전되었고 오늘도 이 과정은 계속되고 있다. 우리는 우리의 교리를 비교적 단순하게 유지하면서, 성서를 통해서 분명하지 않은 것들에 대해서는 다양한 견해를 갖도록 허용하는 것이 최상의 방법임을 알게 되었다.

헤른후트 형제단의 신학적인 성찰에 있어서 하나의 중요한 지도 원리는 다음의 표현으로 나타낼 수 있다. "본질적인 일치, 본질적이 아닌 자유 안에서, 모든 것 중에 사랑"의 원리가 헤른후트 형제단만의 독특한 것은 아니지만, 우리 전통의 특징을 아주 잘 드러낸다. 2016년 헤른후트 총회는 연합회안의 차이를 다루기 위해 그것을 "근본적인 개념"이라고 묘사했다(COUF 414). 이 원리는 가톨릭과 17세기 초의 루터교 신학자들에 의해서 처음 사용된 듯하다. 옛 형제단 안에서는 요한 아모스 코메니우스 감독이 한 번 인용한 바가 있고, 1875년에 이 원리는 알렉산더 드 쉬바이니츠감독에 의해서 새롭게 헤른후트 형제단에게 도입되었다. 오늘날 이 원리는 헤른후트 형제단을 넘어서서 널리 알려졌으며, 우리 교회의 "보물"의 하나로 여겨지고 있다.

이 원리의 중요성은 분명하다. 헤른후트 형제단은 국제적인 교단이기에 문화적 도전과 신학적인 다양성을 마주하게 된다. 헤른후트 형제단 총회와 다른 국제적인 모임에서 교회 지도자들은, 중요한 신학적인 문제들에 있어서 불일치가 있을 때 교회의 일치를 유지하려고 노력하고, 마찬가지로 많은 지역들과 모임들은 공동체를 가르려고 위협하는 교의와 신념 문제들에 대한 갈등을 해결해야 하는 과제를 갖게 된다. 어떻게 우리는 그리스도 안에서 형제와 자매로서의 우리의 관계를 위기에 빠뜨리지 않고 논쟁적인 신학적인 주제들을 다룰 수 있을까?

"본질적인 요소인 연합(일치) 안에서, 비본질적인 요소인 자유 안에서, 모든 것들에 대한 사랑 안에서"는 우리로 하여금 연합(일치)은 통일이 아니라는 것을 깨닫게 도와준다. 교회 공동체의 구성원들은 모든 것에 대해서 동의할 필요는 없다. 또 같은 의견을 가질 필요도 없다. 많은 사람들은 다른 사람들이 자신들에게 동의하는 생각을 좋아하겠지만, 우리의 원리는 교회에서는 다양성의 여지가 있다는 것을 분명히 한다. 논쟁적인 견해들은 특수한 삶의 경험, 문화적 배경, 교육, 가정의 상황, 개인의 성격 등 서로 다른 사람들의 다른 견해 때문이라는 사실에 기인한다. 다양한 삶의 여정을 거쳐 온 사람들에게서 완전한 연합을 기대하는 것은 현실적이지 않기 때문에 다른 의견에 대해서 기꺼이 자유를 주는 큰 지혜가 있는 것이다. 특히 명백한 문제들은 부차적인 중요성을 띤다. 이렇게 해서 사람들은 '불일치에 대해 연합'할 수 있으며 여전히 같은 공동체의 구성원을 이룰 수 있다.

동시에, "본질적인 요소인 연합 안에서, 비본질적인 요소인 자유 안에서, 모든 것들에 대한 사랑 안에서"라는 원리는 교회 공동체의 구성원들에게 정말로 중요한 문제들에 대해서는 한마음이 되어야 한다는 지혜를 표현하고 있다. 연합은 사람들이 공동으로 가진 어떤 것에 의해서 서로 관련된다는 뜻이다. 이 본질적인 핵이 상실되면, 그 공동체는 갈라진다.

헤른후트 형제단을 연합하게 하는 "본질적인 요소들"은 무엇인가? 종종 이런 질문을 받지만 대답하기는 어렵다. 왜냐하면 헤른후트 형제단의 역사에 있어서 본질적인 요소들은 종교적이고 교리적인 진술로서 교회 연합이 정의를 내리는 것을 꺼려해왔기 때문이다. 분명하게, 믿음과 가치는 헤른후트 형제단 강령에 표현이 되어있다(3.5 참조). 그리고 헤른후트 형제단 강령 2부("헤른후트 형제단의 본질적인 요소", 50-152 참조)에 이 문제에 접근하기 위한 중요한 자료가 있다. 하지만 우리의 영적인 정체성의 핵심은 교리의 진술과는 다른 것이다. 우리에게 중요한 것은 어떤 종류의 경험인가와 우리가 어떤 방식으로 하는 가에 관심을 갖는 것이다. 동시에 우리는 세계 헤른후트 형제단이 우리 교회의 정체성과 연합회를 위한 필수적인 것에 대해 매우 다른 것으로 명명할 것 같은 예상을 할 수 있다. 이것은 분명히 더 많은 토론과 사려깊은 숙의가 요구되는 문제이다.

여전히 우리의 신학적인 전통은 이 질문에 대해 생각하도록 도움을 주는 중요한 통찰을 제공한다. 우리가 3장 2절, 앞에서 본 대로, 프라하의 루가는 "본질적인 요소들"을 말했는데, 그는 자신의 신학에 본질적인 것들, 목회적인 것들, 그리고 지엽적인 것들 사이에 있는 차이를 수용했다. 물론 그는 그 당시에 "본질적인 요소인 일치 안에서, 비본질적인 요소인 자유 안에서, 모든 것들에 대한 사랑 안에서"라는 원리를 알지 못했다. 그리고 우리가 더 나가기 전에 "필수적인 것"에 관하여 이야기하는 두 개의 방법이 서로 같지 않다는 것을 지적하는 것이 매우 중요하다. 루가의 경우, "필수적인 것"은 구원의 필수적인 것을 언급하는 것이다. 반대로, "필수적인 연합, 필수적이 아닌 자유 안에서, 모든 것 중에 사랑"이라는 원칙은 교회의 연합에 대하여 말하는 것이다. 여기에서 "필수적인 것"은 조직에 공유된 정체성의 핵심을 이루는 동의의 요점이다. 교회 생활안에 어떠한 것들이 있는데, 예를 들어, 교회규정의 조정은 교회연합의 동의를 정말로 필요로 하지만 루가에게 있어서 "필수적인 것"으로 여겨지지 않는다. 결국, 루가는 많은 항목을 "목회적인 것"으로 정의하는데, 성서나 성만찬같은 것은 교회 연합의 관점에서 본다면, "필수적인 것"에 속하는 것으로 보인다. "필수적이 아닌 것"의 영역안에 루가의 용어로 "부차적인 것"에 더 연계시키는 것은 부적절하다. "필수적인 것"에 관한 두 가지의 화법을 혼동하지 않는 것이 중요하다.

그러나 우리가 프라하의 루가에게서 배울 수 있는 것은 "본질적인 요소들"은 공유된 전통들이나 교리상의 일치 그 이상이라는 점이다. 즉 창조안에 하나님의 은총의 현실이 있고, 그리스도의 구원 사역과 우리의 삶 가운데 성령의 역사가 있다. 그리고 신앙과 소망 그리고 사랑안에서 우리가 응답하면서 부름에 응한다. 이러한 것은 궁극적으로 교회의 연합이 교리의 진술에 관한 동의안에 머무는 것이 아니라 하나님께서 행하시는 현실안에 있음을 제시한다. 교리적인 문제를 토론하고 동의를 이루기 위해 일하는 것이 중요한 반면에 사람들은 인간의 말이 신앙의 전체적인 진실을 담아내기에 한계가 있음을 명심해야한다. 우리가 "필수적인 것안에서 연합"를 추구하면서, 신학적인 정의로 표현할 수 있는 것보다 더 거대한 선물인 그리스도안에서의 존재라는 사실을 기억하자. 결국, 진실한 그리스도교인, 뿐만 아니라 우리의 교회 연합은 어떠한 신조나 교리적 진술에 기초한 것이 아니다. 그것은 그리스도안에서 신앙의 살아있는 경험과 이웃을 위한 사랑 그리고 하나님의 약속이 성취되는 때에 보게 될 기쁜 소망에 근거한 것이다.

결국, "본질적인 요소인 일치 안에서, 비본질적인 요소인 자유 안에서, 모든 것들에 대한 사랑 안에서"라는 원리는 논쟁적인 신학상의 주제들을 논의할 때 사랑의 중요성이 부각된다. 사랑의 정신은 두 방향으로 움직인다. 사랑은 사람들 사이를 연결시켜서 공동체를 만든다. 동시에 사랑은 각 사람이나 공동체가 자신의 독특한 공헌을 존중하고 가치 있게 함으로써, 다름에 대한 자유를 허용한다. 사랑의 정신은 서로 다른 의견들이 있는 곳에서 상호이해와 협동을 추구하도록 모임을 만듦으로써 함께 하는 "다름 안에서 일치"를 촉진시킨다. 그리하여 사랑의 정신은 다른 견해를 가진 사람들을 반대자가 아니라 여행을 함께 하는 동반자로서 여기는 지혜를 준다.

헤른후트 형제단의 연합은 진행 중이다. 이 연합은 많은 중요한 문제들에 대해서 신학적인 숙고를 필요로 한다. "본질적인 요소인 일치 안에서, 비본질적인 요소인 자유 안에서, 모든 것들에 대한 사랑 안에서"라는 원리는 이런 과제에 대해서 우리에게 귀한 인내와 용기를 준다. 우리는 서로에게 친밀하게 말하고 신중하게 듣도록 초대받아서, 우리 안에서 무엇이 다른지를 이해하고 무엇이 공통된 것인지를 식별하게 된다. 세계적인 교단으로서 헤른후트 형제단을 위해서, 우리는 교리상의 문제들에 대한 불일치를 그 과정의 일부로 계속될 것이라고 기대한다. 불일치는 꼭 우리의 일치를 위협하는 형태는 아니다. 불일치는 대화와 논의를 통해서 우리가 더 이해하고 깊은 관계를 맺게 하는 기회가 될 수 있다. 우리가 하나님께서 우리를 위해 준비하신 미래로 계속 여행할 때 말이다.

토론을 위한 물음:
- 여러분은 이 장에서 헤른후트 형제단에 대해 무엇을 배웠는가?
- 프라하의 루가에 따른 여섯 개의 본질적인 것은 무엇인가?
- 왜 우리는 예수가 우리의 구원자와 우리의 주님이라고 말하는가? 여러분은 어

떻게 그를 따르는가?
- 형제단 연합의 어떤 부분이 여러분에게 가장 중요한가? 왜 그런가?
- 여러분의 삶 가운데 성서는 어떤 역할을 하는가?

Resources:

Atwood, Craig D., "Zinzendorf and the Theology of the Heart." Chapter 2 of *Community of the Cross. Moravian Piety in Colonial Bethlehem*(University Park: Pennsylvania State University Press, 2005), 43-75.

- *The Theology of the Czech Brethren from Hus to Comenius.*
University Park, PA: Pennsylvania State University Press, 2009.

- *Jesus Still Lead On: An Introduction to Moravian Belief.*
Bethlehem: Interprovincial Board of Communication, 2004

Crews, C. Daniel. *Confessing Our Unity in Christ: Historical and Theological Background to "The Ground of the Unity."* Second edition. WinstonSalem: Provincial Elders' Conference, Moravian Church Southern Province, 2000.

- *Guiding Principles of Biblical Interpretation* (Interprovincial Faith and Order Commission, Moravian Church in America, 2011). https://www.moravian.org/2018/10/moravian-guiding-principles-of-biblical-interpretation

Guthrie, David. "Heart and Head Together: Concerning the Moravian Essentials," *The Hinge* 8.2 (2000). https://issuu.com/moravianseminary/docs/hinge8.2

Peucker, Paul. "And In All Things..." in *This Month in Moravian History*. (May 2012) Bethlehem, PA: Moravian Archives. http://www.moravianchurcharchives.org/thismonth/12_05%20In%20Essentials.pdf

부록 : 헤른후트 형제단의 강령

1. 들어가면서

주 예수 그리스도는 그가 다시 오실 때까지 교회가 지상에서 그분을 섬길 수 있도록 교회를 부르신다. 따라서 헤른후트 형제단은 예수 그리스도의 복음을 선포함으로 사람을 섬기는 신앙으로 부름받았다는 사실을 알고 있다. 이러한 사실은 이러한 부름이 교회의 존재의 근거요 교회의 섬김에 대한 영성임을 인식케 한다. 근거가 그러하듯, 주님의 뜻에 기초한 교회 존재의 목적과 결말도 마찬가지이다.

2. 교회의 믿음

그리스도교 전체와 더불어 우리는 하나님 아버지와 아들과 성령을 믿는 신앙을 함께 나눈다. 우리는 하나님께서 그의 아들 예수 그리스도 안에서 자신을 이전에 나타내셨다는 것을 믿고 고백한다. 주님은 그의 죽음과 부활로 인류 전체와 우리를 구원했다. 주님을 떠나서 구원은 없다. 우리는 주님이 말씀과 성례전에서 우리와 함께 함을 믿는다. 주님은 성령 안에서 우리와 연결되고, 우리를 연합하게 하여 우리가 하나의 교회를 이루게 하신다. 우리는 주님을 따르게 하는 주님의 소리를 듣고, 주님의 사역에 우리가 사용되기를 기도한다. 주님은 우리를 서로 연결시켜 주신다. 그래서 우리는 몸이신 그리스도의 한 지체임을 알고 서로 기꺼이 봉사한다.

거룩한 은총의 빛 아래, 우리는 자신을 죄인의 교회로 인식한다. 우리는 매일 용서를 구하며, 우리 주 예수 그리스도 안에서 하나님의 자비를 통해서만 살 수 있다. 주님은 우리를 격리로부터 구원하시고, 예수 그리스도의 살아있는 교회로 연합하게 하신다.

3. 개인의 믿음

교회의 믿음은 예수 그리스도의 증언과 성령의 역사를 통해 영향을 받으며 보존된다. 이 증언은 개인을 인격적으로 부르며, 개인에게 죄의 인식과 그리스도에 의해 성취된 구속의 수용으로 이끈다. 그리스도와의 교제를 통해 그리스도의 사랑은 점점 더 새로운 생명의 힘이 되며, 그 힘은 사람 전체를 관통하고 형성해 나간다. 하나님의 영이 개인의 마음속에 살아있는 신앙으로 나타날 때, 하나님은 그리스도의 구원의 열매들을 지체된 구성원들과 나눌 특권을 그들에게 주신다.

4. 하나님 말씀과 교리

구약 성경과 신약 성경에 계시된 삼위일체 하나님은 우리의 삶과 구원의 유일한 원천이다. 이 성서는 헤른후트 형제단의 교리와 신앙에 대한 유일한 표준이며 따라서 우리의 삶을 형성한다.

헤른후트 형제단은 십자가의 말씀을 성서와 모든 복음 선포의 중심으로 인정하며, 그의 주된 사명과 존재의 이유가 복음의 증언자로 굳건히 살아가는 것으로 받아들인다. 우리는 이 일로부터 결코 벗어나지 않도록 능력을 주님께 간구한다.

헤른후트 형제단은 건전한 교리를 지속적으로 추구한다. 교회에서 성서를 해석하고 교리를 전할 때, 우리는 2000년간의 에큐메니컬 기독교 전통과 헤른후트 형제단 선조들의 지혜를 바라본다. 이는 예수 그리스도의 복음을 더 완전히 이해하고 더 분명히 선포하기 위해 기도할 때, 우리를 인도할 것이라는 믿음 가운데서 이루어진다. 하지만 성서안에 어떤 교리 체계도 포함되어 있지 않은 것처럼, 헤른후트 형제단도 자신의 교리를 발전시켜 오지 않았다. 왜냐하면 성서에 나타난 예수 그리스도의 신비는 모든 사람의 마음에 완전하게 이해될 수 없고, 모든 사람의 진술로도 완벽하게 표현될 수 없기 때문이다. 또한 성령을 통해 성서안에서 구원하고자 하시는 하나님의 뜻이 완전하고도 분명하게 나타나 있다는 것도 사실이다.

5. 신조와 신앙고백들

헤른후트 형제단은 교회 신조에서 그리스도의 몸에 대한 감사로 가득한 찬사를 인정한다. 이 신조들은 교회가 성서적 고백을 만들고, 이단의 경계를 표시하며, 신자들을 모든 시대에 순종하고 두려움 없는 증언으로 권고하는 데 도움이 된다. 헤른후트 형제단은 그리스도교 교회에 의해 만들어진 모든 신조는 성서에 비추어 끊임없는 검토가 필요하다고 주장한다. 그것은 초기 그리스도인의 증언인 "예수 그리스도는 주님이시다!"는 참된 신앙 고백과 특히 고대 기독교 신조와 종교 개혁의 근본적인 신조를 인정한다.

주 : 갱신된 헤른후트 형제단의 여러 지역에서 다음의 신조는 특별한 중요성을 가지고 있다. 왜냐하면 그 안에서 그리스도교 신앙의 주요 교리가 분명하고 단순하게 표현되기 때문이다: 사도신경, 아타나시오 신조, 니케아 신조, 1535년 보헤미아 형제단 신앙고백, 변경되지 않은 아우구스부르크 신앙고백서의 21개 조항, 마틴 루터의 소교리 문답, 1532년 베른 총회 고백, 영국 교회의 39개 조항, 1934년 바르멘 신학선언, 하이델베르크 교리문답.

6. 연합으로서의 헤른후트 형제단

우리는 하나님이시요 구원자이신 주 예수 그리스도 안에서 주어진 교회의 연합을 믿고 고백한다. 그리스도는 하나님의 흩어진 자녀들을 연합시키려고 죽으셨다. 살아계신 주님과 목자로서 그리스도는 그분의 무리를 하나의 연합으로 인도하고 있다.

헤른후트 형제단은 옛 헤른후트 형제단인 "Unitas Fratrum"(형제의 연합)이라는 이름을 수용하면서 그러한 연합을 받아들였다. 1727년 8월 13일 베르텔스도르프의 성만찬 사건에서 십자가에 달리고 부활한 주님이 헤른후트 형제단안의 선조들에게 내린 강력한 연합의 경험을 결코 잊을 수 없다.

그리스도교가 사랑으로 그분 안에서 하나 됨을 추구하고 증거를 나타내는 것은 주님의 뜻이다. 우리는 우리 자신 한 가운데서 그러한 연합이 어떻게 우리에게 약속되었고, 책임이 주어졌는지 알고 있다. 우리는 그리스도의 은총을 통해 다른 교회들이 많은 선물을 받았다는 것을 인정한다. 우리가 서로에게서 배우고, 그리스도의 사랑과 하나님의 다양한 지혜의 풍성함 안에서 함께 기뻐하는 것이 우리의 바람이다. 그리스도교가 심각하게 분열된 것은 죄인데, 이것은 우리의 책임임을 고백한다. 그러한 분열은 복음의 메시지와 힘을 방해한다. 우리는 독선의 위험을 인식하고 사랑 없이 다른 사람을 판단한다.

우리는 모든 그리스도교와 함께 다시 오실 주님을 고대하는 순례자이기 때문에 주님 안에서 연합하는 모든 노력을 존중한다. 주님은 성만찬에서 우리를 초대하신다. 그분은 이를 통해 약속하신 연합으로 교회를 이끄신다. 거룩한 교제 안에서 주님은 임재하심으로 오늘도 분명하고 확실하게 우리의 연합을 이끄신다.

7. 친교로서의 교회

남자와 여자, 유대인과 비유대인, 백인과 유색인, 가난한 자와 부유한 자의 모든 차이에도 불구하고 예수 그리스도의 교회는 주님 안에서 하나이다. 헤른후트 형제단은 주 예수 그리스도 안에 하나인 사람들의 차이를 인정하지 않는다. 하나님은 예수 그리스도 안에서 그의 백성을 "모든 인종, 친척과 부모"에게서 한 몸이 되게 하신다. 우리는 십자가 아래서 죄인들을 용서하시고 함께 모으신다는 것을 증언하도록 부름받았다. 우리는 인종이나 출신으로 인한 차별을 반대한다. 그리고 이러한 사실을 공개적으로 증언하고 우리가 그리스도 안에서 형제자매임을 말과 행동으로 입증함을 주님의 명령으로 여긴다.

8. 디아코니아 공동체로서의 교회

예수 그리스도는 섬김을 받으려고 오신 것이 아니라 섬기러 오셨다. 때문에 교회는 디아코니아를 위한 사명과 능력을 받고, 교회의 구성원들은 디아코니아를 위해 부름 받는다. 우리는 특별히 세상 사람들 가운데서 디아코니아를 위해 부름을 받았다고 믿는다. 주님께서 우리에게 맡기신 국내외의 다른 모든 형태의 디아코니아 실천에서, 주님은 우리가 주님을 고백하고 이타적인 디아코니아를 통해 주님의 사랑을 나타낼 것을 기대하신다고 믿는다.

9. 이웃에 대한 디아코니아

우리 주 예수께서는 세상의 비참함 한 가운데에 오셨고, 거기서 견디고 극복하셨다. 우리는 그의 백성들을 섬기면서 그분을 따르고자 한다. 예수의 사랑처럼 디아코니아에도 한계가 없다. 그러므로 우리는 이웃에게 다가가 우리의 마음을 열고 그들의 필요를 채워줄 수 있도록 주님께 늘 기도드린다.

10. 세상에 대한 디아코니아

예수 그리스도는 이 타락한 세상에 대해 사랑과 신실함으로 자신의 약속을 지키신다. 그러므로 우리는 이 세상에 관심을 가져야 한다. 우리는 무관심과 교만 또는 두려움으로 인해 뒤로 물러날 수 없다. 모든 그리스도교 교회와 함께 헤른후트 형제단은 세계 평화를 증진시키고 모든 이들에게 가장 좋은 것을 얻기 위해 힘쓰면서, 하나님 사랑의 메시지로 도전을 한다. 이 세상을 위해서 헤른후트 형제단은 그리스도의 승리가 죄와 죽음을 뛰어넘어 임할 것이며, 새로운 세상의 도래를 기다린다.

11. 나가면서

예수 그리스도는 주님이시며, 그분의 몸인 교회의 머리이다. 이 때문에 교회는 그분의 주관에 반대하는 어떤 권위에 대해서도 충성을 맹세하지 않는다. 헤른후트 형제단은 역사적으로 1741년 9월 16일과 11월 13일의 그리스도의 머리되심의 생생한 경험을 소중하게 여긴다.

헤른후트 형제단은 하나님의 한없는 은총에 의지하여 존재하고 이제까지 유지되었음을 고백한다. 이러한 은총에 대한 감사와 찬양은 우리의 삶과 목회의 기초를 이룬다.

이 다짐 안에서 헤른후트 형제단은 예수 그리스도의 다시 오심을 기다리고, 기쁨으로 주님을 만나기 위해 나아가며 그분이 오실 때 준비된 자로 발견되기를 기도드린다.

제 4장

"공동체가 아닌 그리스도교는 없다."
- 교회에 대한 헤른후트 형제단의 이해

신약성서에 따르면 공동체(그리스어: Koinonia)는 그리스도인의 삶에서 중요한 부분이다. 공동체 경험 역시 헤른후트 형제단의 정체성을 이루는 중요한 요소이다. 친첸도르프 백작이 이런 말을 했다: "나는 공동체 없는 어떤 그리스도교도 알지 못한다." 이 장에서는 공동체에 대한 강조가 어떻게 헤른후트 형제단의 삶의 실제를 형성하였는지와 교회에 대한 신학적 이해를 알게 될 것이다.

4.1. 그리스도 안에서의 형제자매

그리스도 안에서 서로를 형제와 자매로 아는 것은 헤른후트 형제단 이해에 있어서 특징적인 것이다. 이것은 쿤발트에서의 처음 시작된 헤른후트 형제단의 이해였으며, 이후에 헤른후트 형제단을 다시 재생하면서 가진 전망이기도 했다. 그리스도 안에서 형제 자매가 되는 것은 그리스도인들간의 근본적인 관계 이해이다. 복음서안에서 예수는 제자들에게 서로를 형제와 자매로 칭할 것을 요청한 것을 발견한다(막3:34-35, 마23:8, 눅22:32). 사도행전에서 처음 그리스도인은 서로를 형제와 자매로 이해했다. "이들 여섯 형제들이 나와 함께 갔다."(행11:12), "제자들은 각각 형편에 따라서 유다에 사는 형제들과 자매들에게 구제헌금을 보내기로 결정했다."(행11:29), 그리고 "사도들과 장로들, 그대의 형제들…"(행15:23) 마찬가지로, 바울 서신은 초기 그리스도교 신자들이 서로를 "형제"와 "자매"로 호칭한 풍부한 증거를 보여준다(갈1:1, 빌1:12, 롬16:1).

이 장의 초안을 작성해주신 위르겐 보이틀러 박사와 추가 자료와 중요한 통찰들과 유용한 조언과 교정 등으로 초안 개정에 도움을 주신 모든 분들께 깊은 감사를 드린다.

그리스도교 역사에서 형제 자매로서 그리스도인에 대한 이해가 종종 다른 사상들, 특히 교회의 위계적 성직과 제도적 성직을 지나치게 강조하면서 위협을 받아온 것을 우리는 알고있다. 많은 경우에, 안수받은 목사는 형제라기보다는 아버지의 역할이 주어졌다. 처음 형제단을 세우게 된 이유는 이 같은 계급적인 관점에 대한 불만이었는데, 이는 당시 로마 가톨릭교회 안에서는 일반적이었다. 처음 모라비안 형제단은 자신을 "형제단"이라고 불렀다(라틴어: Unitas Fratrum). 후에 독일에서 헤른후트 형제단은 "형제들의 모임(공동체)"이라는 뜻을 가진 "Br?-dergemeine(브뤼더게마이네)"라는 이름을 사용했다. 이 용어는 이름 이상의 의미를 담고 있다. 이 용어는 교회에 대한 근본적인 이해를 드러낸다. 헤른후트 형제단은 하나님 앞에서 서로 평등하고, 서로의 관계에서도 동등한 형제 자매의 회중 모임(그리스어: Ecclesia)이라는 것이다(1.5 참조).

이와 관련하여 헤른후트 형제단의 "수석 장로"로서의 예수 그리스도를 강조하는 것에 주목해야 한다. 2장 1절에서 이 직무의 역사와 의미에 대해서 자세한 설명이 주어진다. 교회에 대한 이해에 있어 헤른후트 형제단은 교회의 연합이라는 것을 강하게 상기시키고, 교회 정치에 있어 전체주의적인 경향에 반대한다. 어떤 교회 지도자도 절대적인 권력을 주장할 수 없다. 왜냐하면 교회에서 가장 높은 권위는 그리스도에게 있기 때문이다. 따라서 헤른후트 형제단은 교회 조직과 지도자에 대한 반위계적인 입장을 가지고 있다. 권위와 책임에 대한 여러 다양한 입장이 있을 수 있지만, 헤른후트 형제단 교회는 그리스도와 교회를 섬기는 것을 목표로 한다. "수석 장로"이신 그리스도를 경외하는 것은 서로가 동등하게 자매와 형제를 존중하도록 이끈다.

4.2. 교회에 대한 헤른후트 형제단의 관점 중 중요한 면

교회란 무엇인가? 신학 서적에서 우리는 교회의 본질 이해에 대한 여러 다른 모델과 정의를 발견한다. 신약 성서안에서도 몇 가지 다른 교회 상을 제시한다. 즉 하나님의 백성으로서의 교회, 구원받은 공동체로서의 교회, 그리고 그리스도의 몸으로서의 교회에 대한 이해이다. 이들의 견해는 서로 배타적이지 않으며 교회 이해에 있어서 한 특별한 요소를 강조하고 있다. 여기에 헤른후트 형제단 교회에 대한 이해에서 중요한 몇 가지를 서술해 본다.

4.2.1. 교회 규정

헤른후트 형제단 전통에서 강조되고 있는 몇 가지 요점들은 헤른후트 형제단 규정(COUF)의 교회 질서 안에서 찾아볼 수 있다. 가장 기본적인 의미에서 헤른후트 형제단은 그리스도안에서 신자들의 교제이며 복음을 증언하기 위해 부름을 받았다 (COUF 1조). 이 의미는 먼저, 교회는 살아있는 신앙의 공동체가 될 것을 요구받고 있으며, 구성원들은 그리스도와 인격적인 관계를 가지면서 그들이 가는 길을 따르는 것을 추구함으로 연합된다는 말이다(COUF 51조). 두 번째로, 교회는 디아코니아 공동체이다. 선교 활동과 궁핍한 모든 사람을 실제적으로 도울 것을 촉구한다(COUF 8-10조). 셋째로, 헤른후트 형제단은 세계적이며 포용적인 연합체이다. 이 연합체는 문화, 국가, 인종의 경계를 넘어, "그리스도 안에서 하나 된 사람들은 차별이 없다."는 인식을 공유하면서, 그리스도인의 일치에 대한 살아있는 모범을 촉구한다(COUF 7조). 어떤 면에서 헤른후트 형제단은 국제적인 연합으로 여겨질 수 있다. 이것은 그런 의향이 있는 한, 연합이 지속될 것이라는 의미이다. 무엇보다 중요한 것은 COUF 6조에서 표현한 대로, 부름받음에 대한 형제단의 의무이다. "우리는 하나님이시며 구세주이신 그 한 분의 주 예수 그리스도를 통해서 주어진 교회의 일치를 믿고 고백한다."

4.2.2. 성서적 영감

그리스도교 교회는 성령강림의 날에 세워졌다는 것이 일반적인 견해이다. 교회는 한 무리의 사람들이 특별한 경험을 하면서, 하나님과 함께 시작되었다. 성령이 사도들에게 임하여 여러 언어로 예수 그리스도에 관한 소식을 선포할 수 있었다. 이어서 신자들이 함께 모여 연합체를 이루기 시작했다. 그리고 이 모임 안에서 자신들의 소유와 삶과 양식을 예수께서 가르치신 대로 나누었다(행2:42-47).

그들은 가정 공동체들을 이루었다. 점차 그들은 교회를 조직하기 시작했다. 그리고 연합체들 안에서 여러 기능을 담당한 책임있는 이들을 임명하기 시작했다. 그들은 박해를 경험했고 자신들 안에 있는 갈등을 해결해야 했다. 그들은 모든 민족에게 예수의 말씀을 전하도록 부름받았음을 알게 되었고 선교사들을 파송하기 시작했다. 신약성서의 문서들은 초기 교회의 삶에 대한 자세한 정보를 전해준다. 처음 헤른후트 형제단이 그들의 공동체를 어떻게 조직할지에 대한 안내를 구할 때 신약성서의 문서들은 영감의 원천이었다. 그리고 이 문서들은 그 이후로 헤른후트 형제단에게 영감과 안내의 원천이 되어왔다.

4.2.3. 후스파 종교개혁의 배경

쿤발트의 처음 헤른후트 형제단 공동체의 창설자들은 얀 후스의 추종자들이었다. 이들에게 후스파의 개혁 사상은 매우 중요했다. 1420년 "네 개의 프라하 신조"라고 부르는 문서에 이런 요구들이 담겨있다:

- 복음은 자국의 언어로 자유로이 선포되어야 한다.
- 성만찬 시, 빵과 포도주 두 요소가 모든 참여자에게 주어져야 한다.
- 성직자는 세상 권력을 포기하고 청빈하게 살아야 한다.
- 성직자와 귀족 등, 모든 사람은 하나님의 법에 따라 자신들의 범죄에 대해 동등하게 책임져야 한다.

후스파 종교개혁에서 중요한 주제 중 하나는 교회의 갱신을 위해서 군사적인 무력을 사용하는 것에 대한 문제였다. 한 그룹은 군사적인 정복으로 타보어시에 하나님의 왕국을 건설하려고 시도했다. 그들은 타보어파라 불렸으며, 그들이 패배할 때까지 약 15년간을 지속했다. 다른 그룹들은 폭력이라는 수단은 예수 그리스도의 복음에 따라서 사는 올바른 방법이 아니라고 생각했다. 그들 중에 페터 첼치키가 있었다. 그는 사회가 타락했는데, 특히 도시는 더 타락했기 때문에, 그리스도를 따르는 최상의 방법은 세상으로부터 분리된 삶이라고 가르쳤다. 이 가르침은 초기의 헤른후트 형제단 가슴에 새겨졌다. 1457년에 그들은 쿤발트의 시골 마을에 자신들의 공동체를 세웠다. 그들은 스스로를 참된 신자들의 결사체로, 예수의 가르침에 철저히 순종하고 헌신하는 사람으로 여겼다. 그들은 예수의 가르침의 핵심을 산상 수훈에서 발견했다(마태 5-7). 공동체 안에서 회원의 자격은 자발적이었다.

1464년, 형제들은 소위 리크노브산 약정이라 불리는 공동체 원칙을 정하였다. 그들은 그리스도의 명령을 따르는 것을 함께 공유하고, 서로 열심히 돌보아 주고, 서로 간에 용기를 북돋아 주고, 가르치고 권고하는 삶을 살아갔다. 특히, 그들은 그리스도인의 순종을 준수할 것, 자신의 실수와 결함을 인지할 것, 겸손하게 행동할 것, 서로 존중할 것, 심각한 범죄를 저질렀을 때마다 엄격한 교회 규율로 적용할 것에 동의했다. 그들은 기꺼이 가난과 곤경 그리고 복음을 위한 박해를 받아들이고자 했다. 그들은 항상 그들의 사업상 거래에 정직했고 가정과 가족안에서 경건한 삶을 살았고 가난한 이들을 위해 자선을 실천했다("약정"의 전문은 www.moravianarchives.org/history/을 참조).

리크노브산 약정에 공식화된 원칙은 옛 형제단의 영적 생활과 사회적 윤리를 온전히 행하고자 하는 장임을 보여준다. 교회 규칙의 실행에 있어 많이 강조하는 것들이 있는데, 가령 올바른 길에서 벗어난 사람들을 향하여 사랑의 표현으로 보여지는 것이 있었다. 따라서, 형제들은 목회직무로 연상되는 특별한 영적 책임을 인식하였다. 하지만 그들은 목회직무가 항상 공동체에 뿌리를 두어야 한다는 기조를 유지하였다. 목회자를 선택해야 하는 문제가 1467년 처음으로 제기되었을 때, 그레고리 형제는 쉽게 지도력의 특권을 요구했다. 하지만 그들은 이 결정을 위해 총회를 소집했다. 그들은 모임의 회원 중에서 주교와 사제들을 선출함으로 1467년에 공동체는 결국 독립적인 교회가 되었다.

4.2.4. 초기 헤른후트 형제단의 모델

헤른후트 형제단은 1722년에 설립되었다. 모라비아 신앙 난민들이 친첸도르프 소유의 사유지에 정착하면서 시작되었다. 이 새로운 마을은 바로 진실한 마음으로 그리스도를 따르려는 신자들의 공동체가 되었다. 여기에서 중요한 원천은 사도행전과 다른 초기 그리스도교의 저술들에 기록된 대로, 초기 그리스도교에 대한 이상이었다. 성서 읽기, 기도, 그리고 찬양을 부르기 위한 매일 모임이 있었다. 사랑의 식탁, 발을 씻겨 줌, 그리고 평화의 입맞춤이 성서적인 실천으로 도입되었다. 아주 다양한 평신도 직무들이 주어졌다. 그래서 회중모임의 구성원들은 서로 다른 은사들을 가지고 목회와 디아코니아의 과제에 적극적으로 참여하였다. 영적 돌봄을 위해 소모임 안에서 사람들이 만나 지속적인 기도회를 조직했다.

게다가, 헤른후트 형제단의 미래를 형성한 결정적인 두 사건이 있었다. 1727년에, 그 공동체는 다른 종교적인 견해들로 인해 심각한 갈등을 겪고 있었는데, 8월 13일에 성만찬을 하는 동안에 그들은 성령의 능력에 의해서 화해의 은사를 경험했다. 그들은 비록 완전히 일치하지 않을지라도 그리스도 안에서 형제와 자매로서 서로 사랑하고 받아들이는 것을 배웠다. 이 날은 헤른후트 형제단이 새로워진 "생일"날로 기념되고 있다(2.4.2 참조).

그 다음, 1731년에 헤른후트 형제단은 서인도제도 출신의 개종한 노예인 안토니 울리히를 만나게 되었다. 그는 헤른후트 형제단에게 자신들의 영적 무지를 포함해서 카리브 지역의 노예들의 비참함을 전해주었다. 이 만남은 헤른후트 형제단 선교의 시작을 가져왔다. 그래서 레온하르트 도버와 다비드 니츠만은 성 토마스 지역으로 가서 아프리카의 노예들에게 그리스도의 복음을 나누지 않을 수 없음을 느꼈다. 이들은 1732년에 파송되었다. 그리고 곧이어 많은 선교사들이 뒤를 이었다. 그 결과, 선교와 교회됨이 통합되는 헤른후트 형제단의 이해의 중요한 부분이 되었다(7.1 참조).

4.3. 헤른후트 형제단 공동체 회합

헤른후트 형제단이 유럽, 북아메리카, 그리고 선교지 전역으로 흩어졌을 때, 그들은 특징적인 정착 모임들을 세웠다. 이 모임 안에서 의도적으로 신앙공동체로 살려고 하는 그들의 소망은 특유한 건축술로 이어졌다. 오랫동안 교회의 구성원들만이 이 마을에 살 수 있었다. 세속의 일과 영적인 일 모두가 교회의 관리를 받았다. 헤른후트 형제단으로서 삶의 모든 면이 하나님을 섬기는 것이 되어야 한다고 생각했다. 마찬가지로, 경제활동은 영적인 생활의 중요한 부분이 되었다. 정착민들의 모임체들은 다양한 사업들과 기술들을 포함하고 있어서 사람들은 정직하고 경제력이 있는 이들안에서 생계비를 벌 수 있었다.

헤른후트 형제단 정착 공동체의 일반적인 설계는 다음의 형태로 그려진다. 중앙에는 직사각형의 빈 광장이 있다. 교회 건물과 다른 중요한 공공건물들은 광장의 네 면에 자리 잡고 있다. 그 뒤쪽으로 다른 사적이고 개인적인 집들이 있다. 거리의 수는 다양할지라도 대개 광장을 향해서 대칭적인 형태를 이루고 있다. 교통은 시의 외곽을 통과해야만 된다. 마을의 한 측면은 "자매들의 영역"으로 여자들과 과부들의 공동생활을 위한 건물들이 있다. 다른 측면은 "형제들의 영역"으로 남자들을 위한 건물들이 있다. 이와 비슷하게 교회 건물은 자매와 형제의 영역이 있어서 출입구가 분리되어 있다. 이런 배치는 남자들과 여자들이 부적절한 접촉을 피하기 위한 것이다. 그러나 이것은 또한 남자와 여자 신자들의 평등을 표현한 것이기도 하다. 정착 모임체들은 일반 학교들, 가게들, 그리고 다양한 산업들을 위한 작업장들을 가지고 있다. 또한 방문자들을 위한 숙소도 마련해 두고 있다. 헤른후트 형제단의 성소와 묘지의 특별한 형태는 6장 5절에서 다룰 것이다.

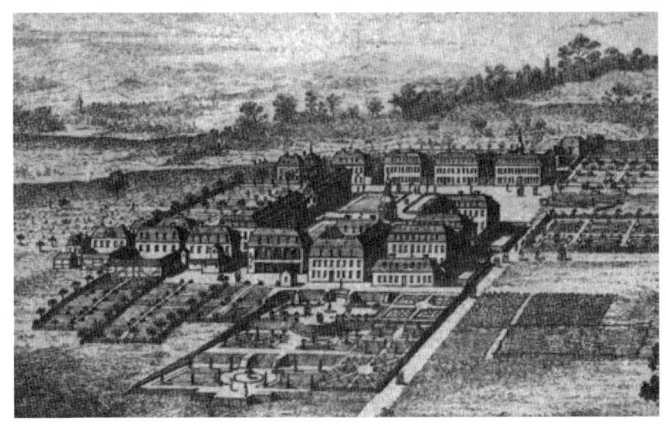

헤른학의 헤른후트 형제단 도시(1750년)

헤른후트 형제단의 도시계획은 매우 실제적이다. 하지만 한편으로는 종교적 상징이 표현되어 있다. 대개 광장의 좁은 길은 십자가 모양을 이룬다. 때로는 분수가 광장의 한 가운데 차지해서 사람들에게 살아있는 물의 원천이신 그리스도가 어떻게 공동체에서 보이지 않는 중심이 되는지를 상기시킨다. 헤른후트 형제단은 자신들의 마을이 언덕 위의 도시처럼(마5:15), 오고 있는 그리스도의 왕국의 산 증인이 되길 희망했다.

오랫동안 유럽과 북미에 있는 헤른후트 형제단 정착지는 선교사역과 복음전파의 모체가 되어서 재정과 인적 자원을 제공했다. 하지만 19세기 중반경에는 이런 구조가 아닌 여러 헤른후트 형제단 공동체가 있었음을 발견하게 된다. 오늘날에는 헤른후트 형제단의 독특한 건물이나 마을을 보기가 어렵다. 2015년에 덴마크에 있는 크리스쳔스펠트의 헤른후트 형제단 정착촌이 유네스코의 세계문화유산으로 지정된 것은 영예로운 일이다.

4.4. "형제들의 동의"

헤른후트 형제단의 교회의 이해에 있어서 한 중요한 요소는 질서를 위한 특별한 규정에 대한 통찰이다. 그리고 교회의 조직과 관리를 위해서 훈련이 필요하다는 것이다. 헤른후트의 초기 지도자들은 공동체의 안녕이 모든 구성원들이 동의하는 좋은 규정에 달려있다고 보았다. 이러한 규정은 일치를 가져온다. 이런 규정을 정하는 것은 갈등들과 혼돈을 피하고 갈등이 없이 효과적으로 함께 일하는 것을 가능하게 한다고 보았다. 이 규정은 또한 모든 구성원들을 위해 공정한 기준을 세우고 약한 사람을 보호한다.

1727년에 헤른후트 공동체가 심한 갈등으로부터 회복되었을 때, 친첸도르프 백작은 일련의 규정을 제시했다. 이것은 "형제들의 동의"로 알려진 것으로, 헤른후트 형제단 공동체의 평화를 위한 것이었다. 또한 이것은 공동체의 구성원들에게 계약의 형태로 제시되었고, 신앙공동체로서 이른 바 함께 사는 것에 대한 서로의 기대를 표현하고 있다. 이것은 위에서부터 강압적으로 공동체에 부과하는 "훈령"이 아니라 구성원들이 자발적으로 참여하는 "동의"를 목표한 것이었다. 1727년의 "형제들의 동의"는 장로들의 역할, 갈등의 중재, 그리고 질병의 치료를 포함해서, 공동체의 삶과 관련된 모든 종류의 문제를 다루고 있는 40개 이상의 규정을 담고 있다. 이것은 신조로 여겨서는 안된다. 변화하는 외부 환경의 요구를 해결하기 위해 개정될 수 있고 보강될 수 있는 공동체의 표현이다. 흥미롭게도, "형제들의 동의" 이후 몇 달이 지나 처음으로 받아들여졌는데, 친첸도르프와 모라비안들은 그들의 규정이 보헤미안의 교회규정과 많이 유사하다는 것을 보여주고 있다는 것을 발견했다. 그들은 이 발견을 옛 형제단의 이상이 새로 수립된 헤른후트 회중모임의 삶에서 이행되어 졌다는 것을 추인하는 것으로 여겼다. (영어번역참조:https://milewis.wordpress.com/credo/moravian-brotherly-agreement/)

"형제들의 동의"의 몇 가지 요소들은 헤른후트 형제단 교회규정(COUF)에 통합이 되었다. 그리고 다른 규정집들은 지역적인 영역에 해당한다. 이에 더해서 "형제들의 동의"의 현대적인 수정 내용이 동쪽의 서인도제도 지역과 북아메리카지역과 같은 지역에서 사용되었다. 북아메리카의 헤른후트 형제단에서 "형제들의 동의"는 현재 "그리스도인의 삶을 위한 헤른후트 형제단의 계약"으로 불리고 있다. 이것은 분명하게 헤른후트 형제단의 신앙과 삶의 진술을 정연하면서 현대적 형태로 제시하려 하고 있으며, 이를 통해서 각각의 헤른후트 형제단은 그리스도인의 사명과 본질을 자각하게 할 것이다.

오늘날 -종교적이든 세속적이든- 많은 단체들은 구성원들의 사명과 협동을 강화하기 위한 규정과 기대를 분명하게 하기 위한 "선교 진술"(mission statements)을 사용한다. "형제들의 동의"는 비슷한 방식으로 기능을 재발견할 수 있는 헤른후트 형제단 전통의 보물과 같다. 이러한 문서는 새 구성원들과 현재 구성원들을 교육하거나 그리스도인의 삶을 드러내는 의미 있는 안내를 함에 있어 매우 값진 것이다.

최근의 두 개의 예증 :
http://moravians.net/joomla/about-us/14-beliefs/16-brotherly-agreement
http://www.moravian.org/the-moravian-church/moravian-covenant
-forchristian-living/

4.5. 약정과 소속의 형태

그리스도의 몸(고전12)으로서의 성서적인 교회 상에 따라, 헤른후트 형제단은 많은 구성원들이 함께하는 살아있는 유기체로 이해할 수 있다. 구성원들과 그리스도와의 연결은 다양한 위임과 소속의 형태로 드러난다.

4.5.1. 자발적인 회원자격

헤른후트 형제단에 소속하는 것을 이해하는데 중요한 요소는 자발적인 회원자격의 원리이다. 헤른후트 형제단 초기부터 국가가 교회를 간섭하거나 강제로 그리스도인이 되게 할 수 없다고 생각했다. 진정한 신앙이라면 신앙은 자유로이 주어져야 한다.

사람들은 세례나 승인을 통해서 헤른후트 형제단의 구성원이 된다. 성인의 경우, 헤른후트 형제단에 가입하려면 통상적으로 회원권을 신청하기 전에 한동안 교회 생활에 참여하기를 권고받는다. 이 신청은 회중의 장로위원회로 넘겨져 기도하면서 결정된다. 이 과정은 지역마다 다양하다. 그러나 어떤 경우이든 회원의 자격은 계약과 위임의 토대 위에 있다. 그 누구도 강압적으로 헤른후트 형제단의 회원이 되지 않는다. 마찬가지로, 어떤 이유이든 형제단을 떠나길 원하면 자유롭게 자신의 회원 활동을 정지할 수 있다. 장로위원회는 교회훈련을 하면서 중대한 위임을 위반한 중대한 사건이 발생하면 회원자격을 박탈할 권한이 있다(COUF 654조). 모임체의 지도 아래 있는 목사와 책임있는 이들은 교회의 장부와 회원 명부에 대한 정확한 기록을 보관하는 특별한 책임이 있다.

4.5.2. 세례

헤른후트 형제단의 두 가지의 성례 가운데 하나인 세례를 통해서(6.3.1 참조) 신자가 되고 그는 그리스도의 몸으로 인정된다. 세례는 헤른후트 형제단에서 회원의 자격을 얻는 기초가 된다. 유아세례는 헤른후트 형제단의 관습이다. 이는 세례가 우선적으로 하나님의 은총의 표시임을 말한다. 세례를 통해 그리스도에게 속하도록 초대받는 것이다. 헤른후트 형제단의 이해에 따르면, 세례는 단 한 번만 받으며 그 효력은 평생 지속된다. 이미 다른 곳에서 세례를 받은 사람이 헤른후트 형제단의 회원이 되고자 하면, 다른 그리스도교 종파의 세례도 인정된다는 의미이다.

헤른후트 형제단은 재세례를 하지 않으며, 재세례를 나타내려는 바람조차도 거부한다(COUF 855조). 현재는 어느 지역에서는 유아에게 축복 의례를 베푼다. 그리고 세례는 나중에 그들이 가르침들을 받아들이고 스스로 결정을 내릴 수 있을 때 시행한다. 또한 세례를 받은 이가 자신의 계약을 갱신하고자 할 경우에는 세례의 재확인 예식을 한다.

세례 예식은 약간씩 다르다. 하지만 세례는 항상 성서에 있는 대로, "성부와 성자와 성령의 이름으로"(마28:19) 베푼다. 물을 뿌리거나 붓는 것은 관습적인 시행이지만, 물에 푹 잠기는 세례도 가능하다. 전통적인 헤른후트 형제단의 세례 정식에는 로마서 6장 3절의 구절 인용구가 포함되어 우리가 "그리스도 예수의 죽으심으로" 세례를 받는 것을 강조한다. 이것은 세례를 통해서 신자들은 그리스도의 죽음과 부활에 참여한다는 생각을 강조하는 것이다. 다음의 예에서 1969년 미국 헤른후트 형제단 세례 의식 규정을 볼 수 있다:

> 회중에게 인사하면서 목사는 말한다: 예수 그리스도안에서 세례를 받는 분들이여, 여러분은 어떻게 세례를 받으셨습니까?
> 회중: 그 분의 죽으심으로.
> 목사는 아이의 이름을 부르고 그의 머리에 '예수의 죽으심으로' 라고 말하면서 물을 세 번 뿌린다. 나는 여러분에게 아버지와 아들과 성

령의 이름으로 세례를 줍니다.(대부는 안수식에서 목사와 결합한다) 자 여러분은 은혜의 계약 안에서 한 몸이 되었습니다. 이제 여러분은 산 것이 아니라 그리스도가 여러분 안에 살아계십니다. 이제 여러분은 육신안에 살아갑니다. 하나님의 아들안에서의 신앙으로 살아갑니다. 여러분을 사랑한 사람이 여러분을 위해 자신을 주셨습니다.

4.5.3. 견신례

헤른후트 형제단은 유아 세례받은 어린이나 청소년들에게 견신례를 베푼다. 이 예식으로 그들에게 신앙의 위임을 확인하는 기회를 마련해 준다. 이 견신례에 앞서서 교육하는 기간이 있어서 후보자들은 그리스도교의 신앙과 교회의 삶에 대해서 배운다. 때로는 견신례는 성만찬에 참여하는 자격과 연관이 되며 온전한 교회의 회원으로서의 권리와 책임을 행사하는 것과도 관련이 있다.

4.5.4. 성만찬의 성례

헤른후트 형제단의 이해에 따르면, 성만찬 성례는 "신자들이 그리스도와 서로와 맺은 연합과 친교"를 강조하는 각별한 것이다(COUF 671조). 신자들의 새로운 계약의 표현이다. 헤른후트 형제단은 열린 성만찬을 시행하며 다른 그리스도교 교파에서 성만찬을 하는 사람들의 참여도 환영하며, 그 어떤 특수한 성례의 의미에 대한 견해도 요구하지 않음을 의미한다. 어떤 지역에서는 다른 교파들과 온전히 주님의 식탁에 참여하는 것에 대해서 특별한 동의를 구하기도 한다.

성만찬은 정규적인 주일예배에서 거행하거나 또는 따로 거행할 수 있다. 예전에는, 모임의 구성원들은 분리된 공동체 예배에 참여하기 위해 특별한 허가를 받는 것이 관례였다. 이것은 "연설"(speaking)의 전통과 관련이 있는데, 성만찬을 적절하게 준비하는 목적에 기여했다. 어떤 지역에서는 여전히 이 관습이 행해지고 있다. 성만찬에 참여하기를 원하는 사람들은 그 전에 목사를 만나거나 또는 평신도 지도자와 예식에 참여하기 위한 영적인 준비에 대해서 의견을 나누곤 한다(헤른후트 형제단 성만찬의 예전적인 시행 6.3.1 참조).

4.5.5 시간과 은사에 대한 관리

살아있는 유기체로서의 교회에 대한 이해는 모든 구성원들이 개인의 은사에 따라서 전체 몸에 필요한 것을 공유한다는 의미가 담겨있다(롬6:6-8). 헤른후트 형제단의 구성원이 된 이들은 책임을 동반하는데, 공동체의 삶에 시간과 받은 은사를 기꺼이 제공하기 위해 부름을 받았다는 것이다. 여기에는 예배 참여, 헌신 계획, 소그룹 활동, 부서와 위원회 봉사, 필요로 하는 곳에 적극적으로 돕는 교회 생활에 참여하는 것을 포함한다. 음악의 재능이 있는 사람들은 성가대나 기악단에 참여할 수 있다. 전문 회계 기술을 가진 사람은 교회의 재정에 도움을 줄 수 있다. 다른 이들은 안내자로, 성경 봉독자로, 주일학교 교사로 봉사할 수 있다. 어떤 모임들은 교회가 선교나 집짓기 사업을 돕기 위해 음식이나 차를 준비하는 자원봉사자들을 필요로 한다. 헤른후트 형제단이 목회에 접근하는 방식(5.1 참조)은 모든 구성원들은 교회 생활에서 어떠한 과제와 책임을 가지는 이해를 반영하는 것이다. 회원의 자격도 역시 교회의 재정적인 필요에 대한 기여를 포함하고 있다. 헌금은 부담이 아니라 그리스도를 섬기는 일에 있어서 하나의 특권이다: 하나님은 기쁜 마음으로 드리는 이를 사랑하십니다(고후 9,7). 재정 관리를 해 나가는 것은 지역마다 다양해서, 약정 헌금, 십일조, 자유 헌금을 할 수 있으며, 마찬가지로 전자 금융업무도 포함될 수 있다. 헤른후트 형제단의 성직자나 평신도는 모두 자신들의 개인적인 자원들을 가지고 봉사할 것을 요구받아, 그 자원들을 선교와 교회의 교역을 통해서 그리스도의 뜻을 위해 사용될 수 있게 한다. 다음으로 재정적인 일에 관계된 모든 교회 지도자들이(회중 교회와 전 지역 관구 모두) 자신들에게 맡긴 재정적인 문제에 관여할 때 고도의 정직성과 투명성을 지키는 것이 매우 중요하다.

4.5.6. 교회의 훈육

교회 공동체 안에서 회원의 자격에 분쟁이 생기면, 이를 위해 임명한 사람들로부터 지도와 경고를 받는다. 헤른후트 형제단은 항상 영적이고 우호적인 태도로 그러한 상황을 다루고자 한다. 이는 지역 위원회나 회합 그리고 노회에서 적합한 조정을 하여 갈등을 해결하는 것을 의미한다. 헤른후트 형제단 안에서는 논쟁을 하면서 법정으로까지 가는 것은 전통과 성서의 증언(고전 6:1-11)과 맞지 않는다고 여긴다. 갈등을 해결하는 적절한 방법에 대해서, 형제단 전통은 신중하게 기도하고 감독의 조언을 경청하고 교회의 훈련조항을 포함한 다른 법 조항을 따른다(COUF 408조, 654조, 850조 참조). 문제가 있을 때는 교회조직을 존중하고, 서로를 존중하는 것이 중요하다. 이는 성직자와 선출된 지도자들이 지혜와 겸손으로 해결하는 것을 의미한다. 교회 훈육의 의미는 결코 잘못된 것에 대해 벌을 주거나 복수하는 것이 아니라, 하나님과 사람사이에 상처받고 깨어진 관계를 치유하는 것이다.

교회 훈육의 하나의 형태는 여러 지역에서 행해졌는데, 교회 공동체의 참여로부터 개인을 배제하는 것이다. 선포는 보통 예배에서 진행되었는데, 그 자리에서 참여한 이들의 호의로 다시 받아들여지기도 했다. 1974년 연합회 총회는 이러한 교회 훈육과 다른 형태의 것들이 그리스도의 사랑의 정신으로 행해져야 하고 위선이 아닌 특별한 배려아래 수행되어야 하는 것을 정했다. 특히 그것은 교회 공동체가 교회 훈육의 도구라기보다 은총의 의미로 이해해야 한다고 진술하고 있다. 교회 훈육을 다루면서 인간 생활의 개인적 영역을 추적하는 것이(한 예로, 성생활) 훈육의 진정한 의미를 왜곡하는 것으로 이해되어야 한다(COUF 850조).

4.6. 협의회와 총회 지도부

교회의 기능 중 지도력은 중요하다. 헤른후트 형제단은 합의적이고 협의 형태의 지도력을 강조한다. 이는 지도력이 서로가 진중하게 자신의 책임을 수행하면서, 여러 지명된 사람들과 공유하는 것을 의미한다. 이런 사고의 뿌리는 예수의 열두 제자나 사도들의 예루살렘 공의회(행15)에서 발견된다. 또 하나의 신학적인 측면은 "수석 장로"로서의 그리스도에 대한 견해인데, 이것은 그리스도 외에는 다른 교회의 머리가 없음을 의미한다(2.1 참조). 교회 지도자는 종으로, 모두가 같은 기간동안 사심 없이 그리스도께 헌신하는 역할을 한다. 지도자는 총회나 다른 형태의 교회 모임에서 선출을 통해서 권위를 가진 지위가 주어지는데, 이는 그들이 이 몸체에 대해 책임이 있다는 것을 의미한다.

총회는 지역 차원이나 연합회 차원에서, 헤른후트 형제단의 가장 권위 있는 몸체이다. 총회는 교회의 구성원들을 대신하는 대표들을 선출하고 임명한다. 그리스어 "synodos"는 문자적으로 "길 위에서 함께"라는 뜻으로, 총회가 하는 일은 집단적인 통찰의 과정을 암시한다. 총회 중심과 협의 중심의 지도력이라는 개념은 헤른후트 형제단의 구조안에서 아주 분명하다. 세계 헤른후트 형제단은 헤른후트 형제단 총회의 결정과 해결책을 다룬다. 총회는 헤른후트 형제단을 대표하는 헌법적 조직이다(COUF 250조). 여기에서 교회 규정을 법으로 정하고, 임원을 선출하고, 모든 문제에 대해 책임적으로 최종 항소 법원의 역할을 한다. 마찬가지로, 지역 총회는 개별 지역을 위한 최고 기관이다. 헤른후트 형제단 회중 모임은 장로위원회에 의해 주도된다. "교회 규정 위원회와 회중 모임 위원회는 지역을 대표하여 임명된 직분자와 지역 대표를 포함하며, 교회의 사역과 구성원의 복리를 위해 공동으로 조화롭게 행할 수 있도록 해야 한다" (COUF 411조).

헤른후트 형제단 교회의 리더십은, 그리스도가 예시한 것처럼, 종의 리더십이다. 모든 지도부의 지위는 기도하는 마음으로 지도자를 선출한 교회 회원들의 자유의지로 주어진다. 일부 교단에서는 리더십 직책을 맡은 후보자가 성공을 위해 선거 운동을 벌이며 정치인과 같이 선거로 경쟁한다. 그러한 접근은 헤른후트 형제단 교회에 부합하지 않는 것이다. 제자직의 예는 복음서의 주제로 소급된다. 예수는 제자들을 선택했다. 제자들이 가난한 어부들, 일용직 노동자, 세리이었던 것처럼, 세상과 제도권의 시각으로 보면, 그들은 지도자 지위에 적합하지 않다. 그럼에도 그들은 복음을 온 세계에 전할 책임을 얻었다. 헤른후트 형제단 교회는 주님께서 총회와 선출을 통해 선택하고, 그들이 그리스도를 향한 충실한 헌신과 겸손한 마음으로 교회를 섬기리라 믿는다.

4.7. 다른 교회들과의 관계

헤른후트 형제단은 그리스도의 한 몸이고 그 안에 모든 신자들은 "하나의 거룩한 공교회이고 사도적 교회"라는 니케아 신조를 따른다. 여기서 "가톨릭"이라는 단어는 로마 가톨릭 교회를 가리키는 것이 아니라 교회의 보편성과 모든 것을 아우르는 것을 의미한다. 헤른후트 형제단 교회는 종교개혁의 개혁가들의 가르침인 그리스도의 보편적인 몸이 어느 특정 교단이나 교회 제도와 동일하지 않다는 점에 동의한다. 오히려 헤른후트 형제단 교회는 자신을 포함한 모든 교파가 그리스도의 몸에 어떤 방식으로든 참여하고 주님 안에서 서로 연결되어 있다고 믿는다.

교리나 정치(교회 조직) 그리고 예배의 면에 있어, 서로 간 많이 다른 교파가 존재한다. 그들의 다양성과 역사적으로 어떤 관련이 있는지를 보여주는 한 방법으로 교파들의 "가계도"가 있다. 새로이 갱신된 헤른후트 형제단 교회는 루터교

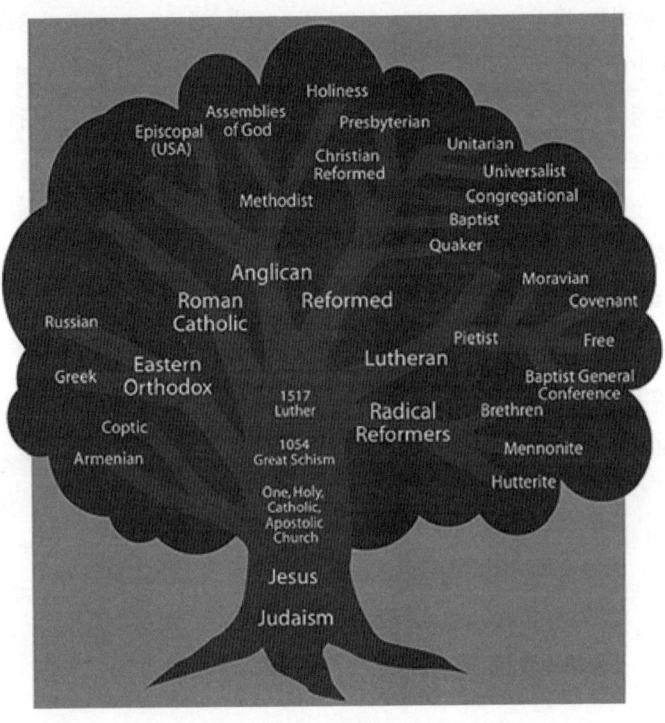

전통의 가지에 밀접하게 연결되어 있다.

"에큐메니칼"이라는 단어는 서로 다른 그리스도교 교회와 교파간의 관계와 협력에 관심을 가진다. 헤른후트 형제단 교회는 다른 교파를 기꺼이 받아들이고 그들과 협력하여 일하는 면에서 자신을 에큐메니칼로 이해한다. 헤른후트 형제단은 세계에서 가장 중요한 에큐메니칼 조직인 세계교회협의회의 회원이며 국가적이고 지역적인 에큐메니칼 협의회에 참여한다. 헤른후트 형제단 교회는 다른 교파에 비해 비록 작지만, 에큐메니칼 영역에서는 잘 알려져 있고 좋은 평가를 받고 있다

"에큐메니칼 정신"은 헤른후트 형제단의 교단적인 정체성의 아주 중요한 부분이다. 이유는 우리의 역사로 소급된다. 옛 형제단 연합의 시기에, 헤른후트 형제단은 그리스도 몸의 보이지 않는 영적 공동체와 가시적인 교회 조직을 구별했다. 이로 인해 다른 교회 조직을 인정할 수 있었다. 특히 종교개혁 시기에 생겨난 개신교 그룹에 대한 타당성을 인정할 수 있었다. 마찬가지로, 친첸도르프 백작과 헤른후트 형제단도 처음부터 에큐메니칼적인 생각을 가졌다. 대부분의 교회 관계자들이 교단간의 경계를 강조한 시기에 그들은 모든 사람들이 그리스도에 대한 믿음안에서 "마음의 종교"를 공유한다는 개념에 근거하여 서로 다른 배경의 사람들을 연결하는 데 관심이 있었다(3.4 참조). 친첸도르프 백작은 각 교파안에 가치있는 가르침과 전통이 있고 사람들을 그리스도께 인도하도록 특정한 "훈련을 하는 학교"와 같은 기능을 했다고 확신했다. 다른 교단들은 다양한 가르침의 방법을 나타냈지만, 친첸도르프는 그리스어로 "가르침의 방법(tropos paideias)"이라고 불렀지만 그들은 모두 같은 목표를 가지고 있었다. 친첸도르프는 교단안에 다양한 인간의 경험과 거룩한 은사의 다양성이 존재하고, 각기 고유한 "보물"이 들어있다고 여겼다. 예를 들어, 친첸도르프는 루터교 전통은 신앙의 진리를 고백하는 데 강하고, 개혁주의(칼뱅주의) 전통은 성서적 선포에 강하고, 헤른후트 형제단 전통은 교회 훈육에 강하다고 생각했다.

초기에 헤른후트 형제단은 자신을 새로운 교회로 여기지 않고 서로 다른 전통을 가진 진실한 신자들의 에큐메니칼적 협력 안의 형제관계로 보았다. 구원받

기 위해서 공동체의 일원이 되는 것이 필수적인 것이 아니라 호혜와 공동체 선교에 관심이 있는 이들이 환영받았다. 헤른후트 형제단이 이후에 독립 교단이 되었을 때, 다른 교단의 "양 도둑질(sheep stealing)"에 가담하지 않도록 주의를 기울였다. 헤른후트 형제단 교회는 협력과 상호존중의 정신으로 다른 교파들과 접촉하는 에큐메니칼 접근 방식을 온전히 받아들인다. 헤른후트 형제단은 이것이 그리스도의 사랑을 증언하고 세상 속에서 선교하는 최선의 방법이라고 믿는다.

오늘날 헤른후트 형제단 교회는 다양한 문화적 전통을 가진 여러 나라에서 발견되어진다. 헤른후트 형제단 교회는 각기 자체의 역사를 가지고 있고 특별한 임무를 가지고 살아낸다. 우리는 세계관과 전통 그리고 부름의 다양성을 가진 이들이 친교하면서 일치한다고 본다. 그 목적은 헤른후트 형제단 교회의 유일하고 일관된 표현을 이루는 것이 아니다. 다양성은 선물로 여겨진다. 그래서 교회가 21세기로 접어들면서, 우리는 우리의 지향 원리에 따라 다양성 안에서의 일치를 추구하고자 한다. 여기에서 필수적인 부분은 아마도 일치이고, 필수적이지 않지만 자유하고, 전체적인 면에서는 사랑이 중요하다(제 3장 7 참조).

토론을 위한 물음:
- 어떤 사안에 있어 서로 동의하지 않을 때 형제자매 공동체는 어떻게 할 수 있는가?
- 여러분은 예수께서 자신의 제자들이 공동체가 되길 원한다고 생각하는가?
- 과거에 헤른후트 형제들은 어떻게 공동체를 만들었는가? 오늘날 어떻게 만들 수 있을까?
- 교회는 왜 규율과 구조가 필요한가? 사랑이면 충분하지 않은가?
- 성례전은 공동체를 이루고 예수를 따르는 데에 어떤 도움이 있는가?

Resources:

Church Order of the Unitas Fratrum

Lewis, Arthur James. *Zinzendorf - The Ecumenical Pioneer. A Study in the Moravian Contribution to Mission and Unity.* London: Westminster Press, 1962.

Peucker, Paul. "We Learned to Love Each Other," *This Month in Moravian History.* (August 2013) Bethlehem, PA: Moravian Archives. http:// www.moravianchurcharchives.org/thismonth/11_08%20August%20 13.pdf

Clarence H. Shawe, *The Spirit of the Moravian Church.* Bethlehem, Pa.,: The Moravian Church in America, 1997.

Vogt, Peter. "The Church and its Unity According to Zinzendorf." *Transatlantic Moravian Dialogue- Correspondence* (English edition), no. 22 (May 2001): 14-24

제5장

"서로 섬기라"
- 헤른후트 형제단의 목회자 이해

헤른후트 형제단의 교회 규정에 따르면 목사는 헤른후트 형제단의 목회자 역할 이해를 알아야 하고, 그에 따라 살고 행동해야 한다. 이 장에서는 헤른후트 형제단의 목회자관을 배우며, 목사 안수의 의미뿐만 아니라 다양한 형태의 목회자들이 협력하여 어떻게 그리스도의 몸을 세우는지에 대한 보다 큰 그림을 배우게 된다.

5.1. 모든 신자의 사제직

헤른후트 형제단의 목회관 가운데 중요한 부분은 모든 신자들의 사제직에 관한 가르침이다. 종교개혁 당시 중세 로마 가톨릭은 계급에 따라 사제직 기능을 구분하고 있었는데, 얀 후스, 마르틴 루터 및 다른 종교개혁 지도자들이 그러한 사제직 개념에 이의를 제기하면서 모든 신자들의 사제직에 관한 가르침이 중요하게 되었다. 로마 가톨릭의 교리에 따르면, 사제는 평신도와 하나님 사이의 중개자 역할을 담당한다. 이는 사제들만 성전 안의 성소에 들어갈 수 있었던 구약 시대의 사제직 이해와 유사하다. 따라서 사제들은 제사를 드리고 일생동안 하나님을 섬기는 것을 목적으로 임명된 특별한 사람들로 여겨졌다.

> 이 장의 초안을 작성하신 형제 페터 포그트와 추가 자료와 중요한 통찰들과 유익한 조언과 교정 등으로 도와주신 모든 분들에게 깊은 감사를 드린다.

개신교 개혁가들은 예수 그리스도의 오심으로 계급적 사제직 이해가 바뀌었다고 주장했다. 사람들은 대사제이신 예수 그리스도를 통해 직접 하나님께 나아갈 수 있기 때문에(히 4:14-16), 인간 사제들은 더 이상 필요하지 않고 모든 신자들은 세례를 통해 하나님의 왕 같은 사제직을 갖는다(벧전 2:9). 바꿔 말하면, 개신교 개혁가들은 그리스도를 통해 모든 신자들이 동등하게 하나님께 나아갈 수 있고, 모든 그리스도인은 하나님을 섬기도록 똑같이 부름받았다는 사실을 인정했다.

모든 신자들의 사제직에 대한 가르침을 영적 개인주의로 오해하지 않도록 하는 것이 중요하다. 모든 신자들의 사제직이란 "내가 내 자신의 사제"라는 말이 아니다. 오히려 그것은 우리 모두 그리스도의 몸 안에서 서로에게 사제들이라는 것을 의미한다. 하나님은 우리를 서로 섬기도록 부르셨다(갈 5:13, 벧전 4:10). 우리는 주님 앞에서 서로를 위해 중보하고, 하나님 말씀을 서로에게 선포하며, 우리 가운데 계신 주님을 예배와 찬양과 친교로 송축한다. 더 나아가 사제직 수행으로서의 목회를 할 때 우리는 섬기고 증언하면서 세상으로 나아가게 된다. 따라서 모든 신자들의 사제직은 목회와 섬김을 위한 부름이며, 이 부름은 교회에 속한 모든 성도들을 향한다.

성서적 목회 모델을 모색하면서, 쿤발트 초기 모라비안들과 초기 헤른후트 형제단은 초대 교회에서 다양한 직무와 기능을 발견했다. 그들은 사도행전 6장 1-6절에서 사도들이 어떻게 "집사들(deacons)"을 임명해서 과부들의 물질적 필요를 돌보도록 했는지를 알았고, 로마서 12장 7-8절에서 그리스도 몸의 지체들이 서로를 섬기도록 어떻게 부름받았는지를 보았다. "은혜에 따라 서로 다른 은사들이 우리에게 주어졌으니 은사들을 이렇게 사용합시다. 예언이면 믿음의 정도에 따르고, 섬김이면 섬기는 일로 하고, 가르치는 자면 가르치는 일로, 권면하는 자면 권면하는 일로 하고, 기부하는 자는 후하게, 지도하는 자는 열성으로, 자비를 베푸는 자는 즐겁게 합시다." 또한 에베소서 4장 11-12절에 따르면 "어떤 사람은 사도, 어떤 사람은 예언자, 어떤 사람은 복음 전도자, 어떤 사람은 목사와 교사가 되어 성도들을 준비시켜 목회 일을 하도록 곧 그리스도의 몸을 세우도록 하니" 그들은 이것이 그리스도의 은사임을 깨달았다. 그들은 "섬김을 받기 위해서가 아니라 섬기러"(마20:28) 오신 예수에게서 사심 없는 사랑으로 일하는 목회자 모델을 발견하였다.

5.2. 안수 받은 목회자

대다수의 다른 기독교 교단들과 마찬가지로 헤른후트 형제단 교회도 (남성이나 여성 구별 없이) 일부 사람들을 안수하여 안수 목사로 교회를 섬기게 한다. 개신교의 가르침에 따르면, 안수는 교회를 위해 설교와 성례전 사역을 한 사람에게 위임하는 행위이다. 그것은 하나님께서 이 사람을 부르셨다는 것과 이 사람이 이 일을 할 수 있다고 인정되었다는 것, 그리고 교회의 규정에 따라 목회직의 권위와 책임을 받아들인다는 것을 확인하는 역할을 한다. 안수는 일반적으로 신학 훈련과 분명한 교회 헌신 의사를 전제한다. 안수에는 또한 손을 얹어서 축복하는 권한의 수여가 포함된다.

안수 목회자에 대한 헤른후트 형제단의 관점은 비계급적이다. 안수받은 사람은 구별되지만 상위에 있는 것이 아니다. 목사를 임명하는 것이 모든 신자의 사제직 사상과 모순되지 않는다. 우리는 모두 사제들이지만, 조직들에서는 전문가들이 필요하다. 목사들은 교회 (조직)에서 전문가들이다. 그들은 교회 안에서 능력과 책임이 요구되는 섬김의 직에 임명된다.

성서적 배경

헤른후트 형제단 교회에서 목회직은 집사, 장로, 감독 세 부문으로 구성되어 있고, 이들 각각은 신약성서에서 목회 기능들을 가리키는 그리스어 용어들과 연관된다. 집사(영어: deacon, 독일어: Diakon)는 "섬김"을 뜻하는 그리스어 *diakonia*에서 유래하였다. 집사직은 디모데전서 3장 8-13절에 구체적으로 언급되어 있고 어려움에 처한 사람들을 돕는 것과 관련된 것으로 보인다(행6:1-6). 장로는 그리스어 *presbuteros*에서 나왔다. 이 말은 "장로"를 의미하며 지도자직을 나타냈다(행14:23, 딤전5:17). 감독은 그리스어 *episcopos*에서 유래되었다. 이 말은 일반적으로 "감독"으로 번역되고, 그리스도교 목회에서 다른 사람들의 일을 감독하고 지도하는 사람을 가리킨다(딤후3:1-7).

역사

헤른후트 공동체의 전신인 모라비안 형제단은 1467년 로카 회의에서 최초로 사제들을 선출하였는데, 쿤발트에서 형제단이 설립된 지 꼭 10년이 되는 해였다. 그들의 선출은 로마 가톨릭 전통과 완전 단절을 의미한다는 점에서 급진적 행동이었다. 일단 형제단이 그들 자신의 성직자를 임명하기 시작하자마자 형제단은 실제로 독립 교회가 되었다. 회의는 다음과 같이 진행되었다. 우선 목회직에 부합하는 9명의 후보자가 지명되었고, 제비를 뽑기 위해 12장의 종이띠가 준비되었다. 그 가운데 3장에는 '그 사람이다'는 말이 적혀 있었고, 이는 그 제비를 뽑는 후보자가 사제로 선출될 것을 가리켰다. 물론 그 제비들이 뽑히지 않을 수도 있었다. 그렇다면 그것은 사제가 선출되어선 안된다는 하나님의 신호로 간주될 것이다. 제비를 뽑은 결과 쿤발트의 마티아스 그리고 크렌로비스의 토마스 프레로스키와 엘리아스 3명이 선출되었다.

그들을 형제단의 사제로 임명하는 안수식은 참베르크의 미하엘이 집행했는데, 그는 로마 가톨릭의 사제 서품을 받은 사제로 형제단에 합류하였다. 그는 형제단의 일부 회원들의 요구를 만족시키기 위해 발도파의 장로에게 보내져 안수를 받았다. 사람들이 발도파가 콘스탄티누스 이전의 부패하지 않은 사도 교회에 뿌리를 두고 있다고 믿었기 때문이다. 미하엘은 새로 선출된 사제들에게 안수한 다음 로마 가톨릭 사제직을 포기하고 스스로 마티아스에게 안수를 받았다. 마티아스와 미하엘은 모두 감독직을 받았다.

그 후 옛 형제단은 집사, 장로, 감독으로 구성된 목회직 삼분 체계를 받아들였다. 보통 형제단에는 감독들이 여럿 있어서 지역 감독으로 일하고 함께 지도자 협의회를 구성하였다. 18세기에 다시 시작된 모라비안 교회 곧 헤른후트 형제단은 옛 형제단의 목회직 체계를 받아들였다. 1735년에 선교사 다비드 니취만은 당시 남은 마지막 두 형제단 감독들 가운데 한 사람이자 요한 아모스 코메니우스의 손자인 다니엘 에른스트 야블론스키에 의해 헤른후트 형제단 감독으로 임명되었다. 10년 후, 마리엔보른 회회에서, 헤른후트 형제단 교회는 옛 형제단의 목회직 체계를 공식 채택하였다. 행정 지도부 체계가 이미 가동되고 있었기 때문에 감독직은 안수, 교리 문제에 대한 감독 그리고 목회적 돌봄을 특별히 강조하면서 새로운 의미를 갖게 되었다.

현재

모라비안 형제단의 후신인 현대 헤른후트 형제단 교회가 목회직 삼분 체계를 어떻게 이해하고 있는지에 대한 자세한 정보는 형제단 교회 규정(COUF 682-690조)에서 찾아볼 수 있다. "그리스도가 수석 장로라는 이해가 헤른후트 형제단 교회의 목회직을 이해하는 기초이다. 형제단은 특별히 지명되고 안수 목회자들을 부르심과 마찬가지로 모든 신자의 사제직을 강조한다"(COUF 13조 머릿말). 이것은 각각의 목회직이 지위의 표현이 아니라 섬김 (내용)의 표현이라는 것을 의미한다. 집사(디아콘) 임직이란 성례전 집행을 포함하여 각종 사목(司牧) 책무들을 수행할 자격을 부여하는 것이다. 임직은 감독이 하지만, 임직되는 자를 결정하는 것은 지방 위원회다. 집사를 장로직에 임명하는 것은 그 또는 그녀의 직무수행에 대한 인정이며 감독으로 선출될 자격을 갖추게 한다. 헤른후트 형제단 교회의 감독은 "형제단 전체의 이름으로 형제단 전체를 위해 특별한 사목직"에 임명된다 (COUF 687조). 감독직의 특별한 성격은 아래에 서술되어 있다.

5.3. 목회에서의 여성 역할

교회 규정에 따르면, "헤른후트 형제단 교회에서 안수 목회직에 대한 소명을 의식한 사람들은 그들의 성별과 상관없이 동일한 대우를 받아야 한다"(COUF

682조). 여성은 헤른후트 형제단의 거의 모든 지역에서 목사 안수를 받을 수 있고, 여성 안수에 동의하지 않는 지역은 이 상황을 시정하라는 요청을 받는다. 안수 목회직을 포함한 여성의 목회직은 여성과 남성의 평등권 문제일 뿐만 아니라 그것을 인정하는 것은 여성들을 부르심으로써 하나님이 제공하시는 특별한 은사와 축복을 인정하는 것이다.

여성의 목회를 존중하는 것이 헤른후트 형제단 전통에 깊이 뿌리내리고 있음을 아는 것은 중요하다. 친첸도르프 백작이 헤른후트 형제단을 이끌고 있을 때 형제단은 다음과 같은 영적 돌봄 원칙을 채택했다. 남성은 남성이 돌보고, 여성은 여성이 돌본다. 그 결과 여성들에게 헤른후트 형제단 회중에 속한 여성 그룹들을 위해 목회하도록 중요한 지도자 직책들이 주어졌다. 그들의 책무에는 행정업무와 아울러 목회적 돌봄, 가르침, 설교 및 예배 인도가 포함되었다. 헤른후트 형제단 자매들은 '여성장로'로 선임되고, 집사(디아콘) 안수를 받고 어떤 경우에는 장로로 임명되었다. 그들은 또한 헤른후트 형제단 회의들에 대표로 참가했다.

이 시대의 중요한 여성 지도자들로는 안나 니취만(1715-1760), 에르트무트 도로테아 폰 친첸도르프(1700-1756), 아프리카계 카리브해연안 출신 여성인 레베카 프로텐(1718-1780) 등이 있다(7.1 참조).

토착민 여성 지도자의 또 다른 예는 남아프리카 출신이며 (베헤트게로도 알려진) 마더 레나이다. 그녀는 1742년 헤른후트 형제단 선교사 게오르그 슈미트에게 세례를 받았고, 기독교 계통의 게나덴달 학교에서 성서를 배웠다. 슈미트가 2년 후에 그 나라를 강제로 떠나게 되자, 레나는 신자 그룹을 조직하여 정규적인 모임을 갖고 기도와 성서읽기를 했다. 그녀에게는 60년 동안 사용했던 신약성서가 있었다. 다른 헤른후트 형제단 선교사들이 1792년 남아프리카에 왔을 때, 그들은 레나가 이미 노인이 되었지만 여전히 그녀의 양떼를 인도하며 복음의 불꽃을 계속 일으키고 있음을 보았다.

친첸도르프 사후, 신세대 지도자들은 여성들의 목회 기능을 너무 급진적이라고 생각하여 목회에서 여성의 역할을 점차 축소시켰다. 1800년에 이르면 여성들은 여성들을 위한 목회적 돌봄의 책무들을 계속 수행하고 있었지만, 여성들은 더 이상 집사직에 임명되지 않았다. 현대에 들어서 여성의 피안수 권리가 1957년 형제단 총회에서 재도입되었다. 1954년 체코 출신의 이리나 쿠젤로바 자매가 한 회중 (교회)의 목사로 임명된 최초의 헤른후트 형제단 여성이 되었다. 독일에서는 1967년에 잉게보그 발다우프 자매가 집사(디아콘) 안수를 받은 첫 번째 헤른후트 형제단 여성이다. 1998년 북미의 케이 워드 목사가 헤른후트 형제단 감독으로 임명된 첫 번째 자매다. 남아프리카 헤른후트 형제단 교회의 안젤리나 스왓 자매와 니카라구아 헤른후트 형제단 교회의 코라 안토니우 자매는 각각 지역위원회의 첫 번째 여성 회장이 되었다.

1995년 이래, 국제 형제단 여성 협의회들의 결성은 목사와 평신도 지도자로 목회에 참여한 헤른후트 형제단 여성들을 결집시킨 중대한 사건들이었다. 그에서 비롯된 한 가지 결실은 2011년에 헤른후트 형제단 여성 데스크 신설이다. 이것은 헤른후트 형제단 교회의 모든 여성들에게 상호 격려와 협력을 위한 네트웍을 제공하고, 전세계의 헤른후트 형제단이 갖고있는 영적, 재정적, 교육적 그리고 물질적 자원들을 조직함으로써 여성과 소녀들의 삶에 적극적으로 영향을 주려고 노력한다.

자세한 내용은 http://unitywomensdesk.org/를 참조하라.

5.4. 감독의 목회직

헤른후트 형제단 교회에서 감독 직무의 구체적인 내용은 교회 규정에 자세히 나와 있다. 어떤 교단에서는 감독직이 교회의 일치를 상징하는 계급적 지도자의 지위를 ??나타낸다. 하지만 헤른후트 형제단은 예수 그리스도를 교회의 "수석 장로"(Chiref Elder)로 여긴다. "우리는 그리스도만이 교회의 머리이고, 목회적 감독은 그 분에 대한 책임으로 시행된다고 이해하며, 이는 옛 형제단이나 새 헤른후트 형제단에게 공통적이다." 감독직에 대한 헤른후트 형제단 이해의 토대는 감독이 "목사들의 목사"로 기능하는 것이다(COUF 687조). 이러한 목회적 기능은 예수 그리스도 자신이 우리 영혼의 "목자와 감독"이라는 이미지를 반영한다(벧전 2:25). 감독직은 옛 헤른후트 형제단이나 새 헤른후트 형제단 교회를 잇는 중요한 요소이기에, 그것은 우리 목회직 체계의 연속성을 상징한다. 또한 감독직은 여러 지역들을 연결한다. 감독의 기능은 형제단 전체에 걸쳐 유효하다(2.4 참조). 이 연결은 새로운 감독이 임명될 때 적어도 두 명 이상의 다른 감독들이 안수하되, 그 가운데 최소한 한 명은 다른 지역의 감독이어야 한다는 관례들로 표현된다(COUP 689조). 헤른후트 형제단 감독의 계보는 1467년으로 거슬러 올라가지만, 헤른후트 형제단 교회는 "사도직 계승의 기계적 전달에 강조점을 두지 않는다."(COUF 687조). 헤른후트 소재 형제단 문서보관소에는 모든 임직자들에 관한 공식 기록들이 보관되어 있다.

우리의 교회 규정에 따르면, 모든 선교 지역과 형제단 지역은 할 수만 있다면 한 명 이상의 감독을 두어야한다. "감독은 지역 총회가 지역 장로들 가운데서 비밀 투표로 선출되고, 감독 선출을 확정하기 위해서는 2/3 이상의 득표가 요구된다"(COUF 689조). 감독직은 항존직이지만, 감독은 나이나 건강상의 이유로 섬김 활동을 그만두고 은퇴할 수도 있다. 감독은 지역 장로회 위원으로 선출될 수 있지만, 회장으로 일할 수는 없다.

헤른후트 형제단 감독의 임무는 다음과 같다.

- 목사들에 대한 목회적 돌봄
- 그리스도와 복음에 신실하도록 헤른후트 형제단 교회 지원
- 헤른후트 형제단 교회와 전체 기독교 교회를 위한 중보
- 안수식과 임직식 집행
- 신학 훈련을 받는 사람들과의 만남
- 영적 생활의 심화를 위한 회중 방문
- 에큐메니칼 모임과 정부 기관에 대해 교회 대표 (지역위원회의 요청 시)

5.5. 평신도 목회의 형태들

기독교 목회의 실천에는 다양한 형태들이 있다. 여기엔 지도와 감독, 설교와 교육, 사회적 실천과 목회적 돌봄, 선교사 파송 및 어려움에 처한 사람들에 대한 실질적인 도움 등의 목회들이 포함된다. 목회에 참여하는 모든 사람이 안수 받은 목사일 필요는 없다. 여러 형태의 평신도 목회가 있는데, 교회 구성원들은 특정한 일에 임명되고 그들의 재능과 책무들이 확인될 수 있다.

헤른후트 형제단 교회에서 평신도 목회의 독특한 것 한 가지는 한 사람을 보조(Acolyte)로 받아들이는 것이다. 보조 직무는 제자로 부름받은 것을 확인하는 역할을 한다. 이 직무는 그리스도의 가르침을 따르는 범례가 되고 성숙한 영적 생활로 회중들에게 존경을 받는 이에게 제공된다. 교회 규정에 따르면, 이 직무에 초대하는 것은 회중이나 지역에서 특별한 책임을 수행하는 사람들에게까지 확대될 수 있다. 그 초대를 받아들이면 형제나 자매는 보조로 받아들여진다. "이것은 회중이 모인 곳에서 주재하는 목사가 친교의 악수를 함으로써 이루어진다."(COUF 691조). 일반적으로, 보조자의 직무에는 다음과 같은 일들이 포함된다. 목사를 도와 영혼을 돌보고, 지역 회중 가운데서 특정 섬김 영역을 책임지고, (안수 목회자가 있어서 빵과 포도주를 성별하고 성례전을 집례할 때) 성찬식에서 분병과 배찬을 돕는다. 또한 지역위원회는 자격을 갖춘 보조자를 임명하여 일정 기간 동안 특

정 회중의 목자로 일하게 할 수 있다. 이 일을 위해 그 사람은 (특별 교육을 받은 후) 임명된 기간 동안 성례전 집례 권한을 위임받을 수도 한다.

또 다른 형태들의 평신도 목회에는 평신도 설교자, 성가대 지휘자, 기독교 교육 목회자, 목회 돌봄 목회자 등 같이 교회에서 행해지는 특별한 형식의 목회가 포함된다. 또한 복음 전도자, 선교사 그리고 거리 사역자 같이 선교와 자원봉사를 위한 평신도 목회직들도 있다. 평신도를 (장로단, 재정담당 비서, 지역 장로 협의회 등의) 행정 및 지도 담당자로 선출하고 임명하는 것도 평신도 목회의 한 형태로 간주 될 수 있다. 헤른후트 형제단 교회는 지역에 따라 매우 다양한 형태의 평신도 목회를 제공할 수 있고, 교회 규정이나 지역 규정집에 명확하게 정의되지 않은 사항들은 필요와 상황에 따라 변경되고 조정될 수 있다. 이는 많은 사람들이 참여하도록 격려해야 한다는 헤른후트 형제단의 목회관과 전적으로 일치한다. 평신도가 특정한 형태의 평신도 목회를 통해 교회 생활과 선교에 적극적으로 참여하는 것은 유익한 일이다. 교회 구성원들에게는, 예컨대, 적절한 훈련과 자격취득과정을 통해 이러한 일들을 할 수 있는 권한이 주어져야 한다. 평신도와 안수 목사는 서로를 목회 파트너로 볼 수 있어야 한다. 교회 지도자들에게는 그들이 수행하는 평신도 목회에 일정 정도의 책임이 수반된다는 것을 확실히 인지하도록 밝혀 두어야 한다. 또한 어떤 사람을 임명하면서 처음에 어떤 형태든 공적인 위임 절차를 밟고 과제가 끝나면 감사를 표하는 것이 바람직하다.

5.6. 가운 사용과 복장에 대한 다른 질문들

세계적 차원에서 볼 때, 헤른후트 형제단 교회에는 목회자가 예배와 목회를 위해 어떤 옷을 입어야 하는지에 대한 특정한 규정이 없다. 각 지역마다 관례가 다르다. 어떤 헤른후트 형제단 목사는 가운을 입고 또 어떤 목사들은 정장을 입는다. 어떤 회중에서는 스톨 사용이 관례이며, 어떤 지역의 헤른후트 형제단 목사는 컬러나 흰 넥타이를 착용하고자 한다. 헤른후트 형제단 교회에서 의복은 분명히 "부수적인" 것들의 범주에 속하며, 장소와 시간에 따라 다를 수 있는 것들이다(3.2 참조).

전체 헤른후트 형제단 교회에서 지금도 거의 보편적으로 지켜지고 있는 한 가지 중요한 복장 전통은 성례전 집례와 안수식과 임명식을 할 때 흰색 가운(surplice)을 입는 것이다. 옛 헤른후트 형제단 구성원들은 성직자의 제의(祭依)에 비판적이었지만 코메니우스 시대에 헤른후트 형제단 감독들은 흰색 가운을 사용했던 것으로 보인다. 이것이 1748년에 요한계시록(계7:9 및 19:8)에 언급된 의의 흰 옷과 관련해서 새 헤른후트 형제단 교회에 도입되었다. 1789년 총회는 성찬식과 성년 세례식에 일반적으로 흰 색 가운을 사용해야 한다고 정했다. 결국 성찬식과 교회의 다른 중요한 의식들에는 흰색 가운이 목사의 적절한 복장으로 간주되기에 이르렀다. 성찬식을 할 때 분병과 분잔을 돕는 보조자나 장로들도 흰색 가운을 입을 수 있다. 흰색 가운은 그리스도의 이름으로 행동하는 사람들의 목회를 통해 제공되는 순결의 선물과 그리스도의 축복을 상징한다. 일부 지역에서는 헤른후트 형제단 목회자들이 흰색 가운을 입고 묻히기도 한다.

5.7. 영혼 돌봄에 대한 강조

헤른후트 형제단 목회 이해 가운데 중요한 부분 하나는 영혼 돌봄이다. 이것은 결코 안수받은 성직자의 목회에 국한된 일이 아니라 신앙생활과 영적 성장에서 서로를 지지하는 것이 교회 모두 구성원들의 관심사가 되어야 한다. 목회적 돌봄에서, 특히 위기의 시간이나 전환기에 있는 사람들의 경우, 한 가지 중요한 문제는, 아마도 "당신의 삶에서 하나님은 어디 계십니까? 당신의 현재 상황에서 하나님은 어디 계십니까?"라는 질문으로 표현될 수 있을 것이다. 영혼 돌봄의 대부분은 사람들에게 자신의 이야기를 말하고 경험을 표현할 기회를 주면서 들어주는 것에 있을 것이다.

헤른후트 형제단 전통의 보물들 가운데 하나는 사람들마다 영적 필요가 서로 다르고 따라서 영적 돌봄은 환경이 비슷한 사람들이 해야 한다는 통찰이다. 그러므로 남성이 남성을, 여성이 여성을, 결혼한 사람이 결혼한 사람을 보살피는 것이 도움이 될 수 있다. 예전에는 옛 형제단 정착 회중에 속한(제4장 참조) 그룹마다 한 사람을 임명해 영적 돌봄을 담당하게 했었다. 또 하나의 헤른후트 형제단 보물은 사람들이 자신들의 관심사를 자유롭게 말할 수 있는 소그룹을 만드는 것이다. 이것은 1727년에 헤른후트에 소위 "밴드"라는 것이 만들어지면서 처음으로 생겼다. 밴드는 5명 내지 7명의 작은 그룹으로 그 구성원들은 일주일에 한 번씩 만나 자신들의 영적 생활에 대해 이야기를 나누었다. 또한 성찬식 참여를 허락하기에 앞서 "말하기" 전통은 때때로 사회적 통제의 수단으로 사용되기도 했지만 본래 사람의 영적 발달을 돌보기 위한 것이었다.

영적 돌봄이 필요한 중요한 시기들은 아이 출생, 결혼식, 중요한 생일, 심한 질병 또는 가족의 죽음과 같은 삶의 전환기들이다. 이때에는 목사의 참석과 교회 공동체와의 연계가 특히 중요하다. 영적 돌봄에는 방문과 중보기도와 축복이 포함될 수 있다. 헤른후트 형제단 전통의 중요한 자원은 헤른후트 형제단 로중 말씀과 찬송이다. 또한 자전적 회고록을 쓰는 것도 개인의 영적 성찰에 유용한 방법이 될 수 있다(6.3.5 참조).

영적 돌봄은 사람들이 어렵고 연약할 때 만나는 것을 포함한다. 영적 돌봄 제공자는 적정한 선을 지키고 높은 수준의 전문적 통합성을 갖추는 것이 중요하다. 일부 지역들은 부정행위를 방지하고 불만이 있을 경우 명확한 절차를 제공하기 위해 특정한 목회 윤리 지침을 갖고 있다.

5.8. 토착 목회자의 중요성

선교는 헤른후트 형제단 교회의 중요한 과제였다. 다른 나라로 파송된 선교사들이 토착 회중을 위해 또한 목사로 일하는 것이 오랫동안 계속된 일반적인 관례였다. 그러나 궁극의 목표는 토착 목회자들을 세워야 하는 것임을 곧 알게 되었다. 처음 시도는 적절한 사람을 "그 나라의 조력자"로 임명하여 선교사의 감독아래 일하게 하는 것이었다. 그 다음 19세기 후반부터 헤른후트 형제단 교회는 점차 토착민들을 교육하고 목회자로 세우기 시작했다. 선구적인 목회자들의 몇몇 예를 아래에 소개한다. 또 다른 많은 예들이 더해질 수 있다. 또한 18세기에 두 토착 여성 목회자들이 있었음을 언급해 두고자 한다. 서인도 제도의 레베카 프로텐과 남아프리카 공화국의 레나가 그들이다(5.5.3 참조).

 **존 앤드류 벅클리**, 그는 서인도 제도의 아프리카계 사람들 가운데 안수를 받은 최초의 사람으로 1818년 10월 20일 안티구아 세인트 존스에서 태어났다. 1850년에는 안티구아 그린베이에서 교사와 보조 설교자로 일했다. 그의 사역은 너무 인기가 있어서 그린베이 헤른후트 형제단 예배당을 확장해야 했다. 버클리는 1856년 1월 3일 헤른후트 형제단 교회의 디아콘으로 임명되었고, 그의 아내 채리티 앤은 보조자가 되었다. 그는 1879년에 은퇴하고 1884년 12월 31일, 죽을 때까지 그린베이에서 일했다.

 **존 츠웰리반치**는 1832년 4월 12일 남아프리카 공화국의 러브 데일 근방의 번쉬 힐에서 태어났다. 그는 제나덴달의 헤른후트 형제단 선교부 소재 교사훈련대학에 다녔고 학교교사겸 전도자를 채용하는데 유망한 후보로 기재되었다. 여러 헤른후트 형제단 학교에서 근무한 후, 그는 1860년에 보조자가 되어 예배를 인도하기 시작했다. 27년 동안 그는 클락슨 근처의 위트클레이보쉬 마을에서 사역했다. 1883년 2월 11일 그는 헤른후트 형제단 교회의 집사(디아콘)으로 임명되었다. 그는 남아프리카 최초의 토착 목회자들 가운데 한 사람이었다. 1893년 츠웰리반치는 에논에서 새로운 임무를 맡았다. 그는 1895년에 은퇴하고 1901년 5월 27일 그리스도를 섬기는 일에 헌신한 삶을 마감하였다.

요하네스 킹(1830?-1898)은 수리남 헤른후트 형제단 교회의 중요한 전도자였다. 마타이 마론으로 태어난 킹은 사라마카 강가의 마리파스톤에서 성장했다. 1855년 그는 깊은 종교적 경험을 했고, 이를 통해 그는 그의 동족에게 복음을 전하라는 소명을 확신했다. 1857년에 그는 파라마리보의 헤른후트 형제단 교회에 와서 세례를 받고, 4년 후 마리파스톤에 설교자로 돌아왔다. 한동안 그는 예언자적 환상들을 갖고 있었고 카리스마 넘치는 설교자로 활동했다. 이때문에 많은 사람들이 개종했지만 그는 선교사들과 껄끄러운 관계가 되었다. 고령의 나이에 독학으로 읽고 쓰기를 익힌 후 킹은 그의 모국어인 스라나통고어로 영적인 자서전을 저술하였는데, 그것은 현재 수리남 선교 역사의 중요한 문서로 간주되고 있다.

테오필로 히오보 키산지(1915-1982), 탄자니아 헤른후트 형제단 교회의 첫번째 토착 감독이자 주교였다. 교사로 교육받은 그는 1949년 목사로 교회를 섬기도록 부름을 받았다. 그는 영국과 네덜란드로 가서 신학을 공부했다. 탄자니아로 돌아온 후 그는 타보라 교구 목사로 일하면서 1962년에 서부 탄자니아 헤른후트 형제단 교회 감독으로 선출되었다. 1966년에 그는 헤른후트 형제단 교회 주교로 임명되었다. 그는 지혜와 경건과 겸손을 겸비한 존경받는 지도자였다. 그의 업적 가운데 하나는 아프리카 목사 양성을 위해 므베야 신학교를 설립한 것인데, 그것은 현재 테오필로 키산지 대학이 되었다.

토론을 위한 물음:
- 모든 신자들이 사제라면 왜 안수 목회자가 있는가?
- 목사들 일할 때 특별한 옷을 입어야 하는가?
- 그것은 무엇을 상징하는가? 그것은 도움이 되는가 아니면 장애인가?
- 신약성서에서 중요한 지도자로 언급된 여성들의 이름을 말할 수 있는가?

- 헤른후트 형제단 교회에 여성 지도자들이 있는가?
- 헤른후트 형제단의 주교는 다른 교회의 주교들과 어떤 면에서 다른가?
- 평신도는 교회 목회에 어떻게 참여하는가?

Resources:

"Women in Ordained Ministry." Special issue of TMDK: Transatlantic Moravian Dialogue-Correspondence, no. 17, March 1999.

Hamilton, J. Taylor, "The Office of the Bishop in the Renewed Moravian Church". Transactions of the Moravian Historical Society, Vol XVI (1957), 30-58.

PEC Northern Province, PEC Southern Province (USA). "Readiness for Ordination." The Hinge 9:4 (2003). https://issuu.com/moravianseminary/docs/hinge9.4

Sapp, Lane. "The Authority of the Pastoral Office," The Hinge 6:4 (1997). https://issuu.com/moravianseminary/docs/hinge6.4

제 6장

"한 마음으로 하나님을 찬양합시다"
- 헤른후트 형제단의 예배 이해

할레루야를 불러라, 주님을 찬양하라!
즐거운 목소리로 노래하라.
한 마음으로 우리 하나님을 높여라
그의 이름을 기뻐하라.
쉼 없이 노래하라, 너희 속량받은 무리들아!
성부와 성자와 성령을 찬양하라!
끝없는 빛의 나라에서 너희 찬양이 하나 되기까지.

이 장에서는 전 세계의 형제단에서 드리는 예배가 다루어진다. 믿음 공동체인 우리 존재의 중심에는 예배가 있다. 믿음 공동체는 찬양하고 기도하고 노래하고 설교하며 성서에서 말씀을 듣고 우리의 믿음을 확증하고, 죄를 고백하고 용서 선언을 받고 즐거움과 관심사들을 나누고 성찬예식에 참여하고 그리스도 전파에 기여하고 그리스도의 축복을 받으며 세계로 파견된다. 예배는 사람들을 하나님과 결합시키고 서로 연대하게 한다. 예배는 전 세계의 헤른후트 형제단 안에서 서로를 또 세상 곳곳의 그리스도인들과 이어주는 연결고리이다. 하지만 예배는 특정 지역의 언어와 문화와 사람들에게 항상 특별한 것이다. 이 때문에 헤른후트 형제단 예배의 표현양식들은 형제단의 지역에 따라 다르고 지역내에서도 차이를 보인다.

> 이 장의 초안을 작성해주신 형제 리딘 뷔버와 추가 자료와 중요한 통찰들과 유용한 조언과 교정 등으로 초안 개정에 도움을 주신 모든 분들께 깊은 감사를 드린다.

먼저 여러분이 헤른후트 형제단의 예배에 대해 고찰할 수 있도록 형제단 예배의 실질적 정의를 제시해두고자 한다. 이것은 헤른후트 형제단 예배의 성서적 영감과 역사적 전개 등을 포함해서 그 예배의 특징들을 이해하는데 도움이 될 것이다. 또한 여러분은 우리 전통의 '보물'에 속하는 여러가지 독특한 헤른후트 예배 형식들에 대해서도 배우게 될 것이다.

6.1 헤른후트 형제단의 예배 정의

일반적으로 말하면 예배는 하나님께 헌신하는 활동이다. 예배는 본래 그리스어로 프로스큐네오인데, 이는 영예와 찬양을 드리기 위해 '절하다'는 뜻을 갖는다. 또 다른 중요한 그리스어는 레이투르기아이다. 이로부터 '예배의식, 전례'로 옮겨지는 'litugy'가 유래되었다. 이 말은 '공중 예배'를 뜻하고. '라오스'(laos, 사람들)와 '에르곤'(ergon, 일)의 합성어이다. '예배의식'(liturgy)은 문자적으로 말하면 '사람의 일'이다. 따라서 기독교 예배의 핵심은 믿는 사람들이 하나님께 헌신하며 함께 모이는 데 있다. 이것이 믿음의 사람들로서 우리들이 하는 일이다. 그 이유는 하나님이 우리의 삶을 감동시키고 우리를 하나님 나라의 일원이 되도록 초청하기 때문이다.

형제단의 교회 규정에는 예배와 연관된 다음 두 조항이 있다.

* 헤른후트 형제단 교회는 회중예배, 찬양, 예배의식, 교회 의례들과 교회력 준수와 같은 풍부한 전통을 과거로부터 물려받았다. 그렇지만 여러 형식의 예배들은 그 자체가 목적이 아니라 목표에 이르는 수단이라는 점이 인정되어왔다. 그 목표는 예수 그리스도 안에 계신 하나님을 찬양하는 것이며 그를 섬기는 일에 새로이 헌신하는 것이다(COUF 667조).
* 더 나아가 모든 예배에서 회중은 적극적 역할을 해야 한다는 것이 헤른후트

형제단 교회의 원칙이었다. 이에 따라 헤른후트 형제단에서 예배 의식들은 고정되거나 엄수되어야 하는 것이 아니라 교회의 필요에 가장 잘 대응할 수 있도록 변화되어 왔다(COUF 668조).

이 조항들은 몇 가지 중요한 통찰들을 담고 있다. 첫째, 헤른후트 형제단 교회는 풍부하고 독특한 예배전통을 갖고 있다. 둘째, 이 예배 의식 전통들의 목적은 그리스도 찬양이다. 셋째, 예배의 필수 요소는 회중 구성원들의 적극적인 참여이다. 마지막으로, 예배 의식을 바꾸는 일이 사람들의 삶에 예배가 계속 의미있고 관련성을 갖도록 하기 위해 필요하다면 예배 의식은 바뀔 수 있다.

이러한 원칙들에 의지하면서 헤른후트 형제단의 다음과 같은 실질적 예배 정의를 고찰해보자.

* 헤른후트 형제단 예배는 그리스도의 현존을 중심으로 하며,
1) 성령의 능력으로 하나님 아버지께 영광을 돌린다.
   그때 우리는 자매형제들과 교제하며 함께 모이고
   임명된 지도자들의 인도를 받는다. 그들은 보통 목회직을 수행하는 남녀들이다.
2) 하나님의 말씀을 듣고 그리스도의 식탁에서 영양분을 공급받고
   활기찬 음악으로 복음을 모국어로 노래한다.
   그 결과 우리의 삶이 하나님과 연결되고 서로 이어짐으로써 변화되고
   우리는 일상 삶의 과제를 감당할 힘을 얻고 그리스도께서 맡기신 임무를 세상에서 수행할 능력을 얻는다.

이러한 정의는 예배 형식과 경험이 매우 다양해질 수 있는 여지를 준다. 특히 전 세계에 흩어져 있는 형제단 교회의 문화적·신학적 다양성에 비춰볼 때 그렇다. 동시에 이 정의에는 친교 강조, 단순성 강조 그리고 음악 강조 등 형제단 교회 어디서나 볼 수 있는 헤른후트 형제단 예배의 특징들이 반영되어 있다. 이것들은

우리 전통에서 특별히 중요한 영적 은사들이며 예배 형식에서 유익한 영향과 그릇된 영향을 주는 것들의 차이를 구별할 때 도움이 된다.

친교 강조

헤른후트 형제단은 사람들이 예수의 이름으로 모일 때마다 그가 거기 현존한다고 믿는다(마18:20). 따라서 형제와 자매로 그리스도 안에 함께 있다는 것이 예배의 토대이다. 개인 기도와 헌신도 중요하지만, 회중의 삶의 핵심적인 특징은 성서를 읽고 설교하고 가르치고(딤전4:13) 시와 찬송을 부르고(엡5,19) 기도하고 떡을 떼고(행2:42) 서로 사랑과 선행을 북돋는(히10:24-25) 등의 예배 활동을 하며 함께 시간을 보내는 것이다. 헤른후트 형제단 예배에서 필수적인 것은 회중 구성원들이 특히 찬양과 기도에 적극적으로 참여하는 것과 인사 시간, 기쁨과 관심사 나누기, 평화를 빌기 또는 심지어 예배 후의 커피 타임 등 사람들 사이의 연결을 강화하는 요소들이 있다는 것이다. 그리스도의 사랑으로 함께 모이는 생활양식은 우리가 참으로 그리스도의 제자임을 세상에 알리는 강력한 증거일 것이다.

단순성 강조

일반적으로 말하면, 헤른후트 형제단 예배 형식의 특징은 단순성과 솔직성에 있다. 이것은 좋은 예배란 어떤 모습인가를 생각할 때 형제단은 다음 규칙을 따르는 경향이 있음을 뜻한다. 단순함을 견지하라, 중요한 것에 집중하라, 복잡하게 해서 사람들이 산만해지거나 혼란스러워 하지 않게 하라. 예수가 산상설교에서 분명히 밝힌 대로, 기도나 금식 같은 헌신 행위들의 진실성은 외양이 아니라 겸손하고 신실한 마음에 달려 있다(마6:5-18). 우리 역사를 돌이켜 보면, 헤른후트 형제단이 왜 이러한 접근을 채택하는지 그 이유가 이해될 수 있다. (헤른후트 형제단의 전신인)체코 쿤발트 지역 공동체의 형제자매들은 중세 가톨릭 교회의 예배의식에 반대하며 단순성을 강조하였다. 가톨릭교회의 예배에는 복잡한 의식들, 십자가들 사용, 입장례, 분향, 성유물, 성상, 제의복, 제단, 성자 축일 등이 포함되었고, 이 모든 것들은 평신도들은 이해할 수 없는 언어인 라틴어로 진행되었다. 헤른후트 형제단 회중은 해당 지역의 루터 교구 교회의 주일 예배에 참여하는 것이 관례였다. 그래서 그들은 나머지 엿새를 위해 보다 짧고 보다 덜 복잡한 다른 형식의 예배들을 발전시켰다. 예컨대 찬양, 기도 또는 성서 읽기 등을 위한 헌신 모임들 같은 것들이다. 예배의 단순성은 헤른후트 형제단 선교사들에게도 중요하였는데, 그 이유는 그들에겐 선교지에서 복잡한 예배를 드릴 도구나 자원이 없었기 때문이다.

그렇지만 이렇게 단순성이 강조된다고 헤른후트 형제단의 예배 준비나 드림이 대충 대충이거나 경박하다는 것은 아니다. 좋은 예배 구조와 규칙성은 감동적인 예배 경험에 중요한 요소들이다. 기이한 영적 은사들이 예배의 일부라면, 그것들은 질서 있게 (예배에) 포함되어 교회의 평화가 흔들리지 않도록 해야 한다(고전14:33). 성서 읽기, 찬양, 기도, 성찬식 같은 순서들도 마찬가지로 어느 정도 질서 있게 진행되어야 한다. 이 때문에 헤른후트 형제단 지역들은 정해진 예배 순서 자료들을 제공하고 있다. 여기에는 예배 의식에 사용되는 기도들이 포함되어 있다. 어떤 지역에는 별도의 교독식 기도서가 있고, 또 어떤 지역에는 예배 의식 기도집이 찬송가에 포함되어 있기도 하다. 이 교독식 기도들은 성서와 찬송가에 기초하고 있는 것이 보통이다. 헤른후트 형제단의 구성원들은 이것들의 사용으로 예배의 직접성과 명료성이 향상된다는 것을 해를 거듭할수록 깨닫게 되었다.

음악 강조

헤른후트 형제단 예배에 처음 참석한 외부 사람들 가운데 상당수가 특별히 우리 음악에 감동을 받는다. 수리남이나 탄자니아에서든 또는 라브라도르나 남아프리카에서든 어디서나 헤른후트 형제단은 음악 사랑과 아름다운 교회 음악으로 유명하다. 분명히 이것은 우리 전통의 '보물들' 가운데 하나이며, 그 영감은 성서에서 찾아볼 수 있다. 시편에는 노래와 음악으로 하나님을 찬양하라고 권고하는 예들이 매우 많은데, 시편 150:3-4에서는 아주 강렬한 어조로 그렇게 말한다. "트럼펫 소리로 그를 찬양하라, 거문고와 비파로 그를 찬양하라, 탬버린과 춤으로 그를 찬양하라, 현악기들과 피리로 그를 찬양하라!" 초대교회 시대에 믿는 자들은 "

시편과 찬양과 영적 노래들을 서로 주고받고 마음으로 주님께 노래하고 곡을 만들라"는 명령을 받았다(엡5:19). 그리고 사도 바울은 교회 구성원들이 '한 마음 한 목소리로' 하나님께 영광을 돌리기' 바라는 희망을 피력하였다(롬15:6). 헤른후트 형제단 구성원들은 이 구절들을 따라 그들의 찬송과 교회 음악이 믿음의 내적 경험을 밖으로 표현하고 또한 그들의 일치를 나타내는 것이라고 이해하게 되었다.

찬양이 헤른후트 형제단 교회에 얼마나 중요했는가는 형제단이 찬송가를 최초로 발행한 개신교 교회였다는 점에서 알 수 있는데, 이는 1501년의 일이었다. 헤른후트 형제단은 매우 창의적으로 찬송가들을 만들어냈다. 친첸도르프 백작은 그의 생애에 2000곡 이상을 작곡한 것으로 알려져 있다. 헤른후트 형제단 선교사들에게는 찬송가를 토착어로 번역하여 원주민들이 찬양할 수 있게 하는 것이 매우 중요한 일이었다. 우리의 일부 전통적인 찬송들이 현재 전 세계 헤른후트 형제단 교회들이 사용하는 모든 주요 언어로 번역되어 있어서 서로 다른 지역의 형제단 형제자매들이 함께 모이면 함께 나누는 찬양의 끈이 계속 이어지고 있다.

또 하나의 중요한 음악전통은 헤른후트 형제단 브라스 밴드인데, 이는 유럽, 남미, 라브라도르, 북미 등에 널리 알려져 있다. 우리는 성서에서 트럼펫과 나팔이 백성을 소집하는데 사용되었고(민10:2) 또 그것들로 주님의 재림과 죽은 자의 부활이 알려질 것이라고 알고 있다(살전 4:16; 고전15:52). 이와 비슷하게 브라스 밴드는 교회 밖에 예배 시작을 알리기도 하고 신년 전야의 송구영신 예배와 부활절 새벽예배에 참여하기도 한다(6.4.4 참조). 헤른후트 형제단의 현대 예배에는 드럼이나 전자 기타 또는 스틸 드럼 같은 다른 악기들도 사용된다.

헤른후트 형제단 교회에는 여러 가지 양식의 찬양과 음악이 있다. 형제단 차원에서만이 아니라 지역 차원에서도 그렇고 때로는 각 회중(=개교회) 안에서도 그렇다. 이러한 차이들은 한편 문화적 배경이 다양함을 보여주고, 다른 한편 현대 헤른후트 형제단에 가장 적절한 음악 양식은 무엇인가에 대한 논쟁을 반영한다. 어떤 지역에서는 이 문제가 '전통 예배와 현대 예배'라는 관점에서 논의되고, 또 어떤 지역에서는 비슷한 관심사가 '전통 예배와 카리스마 예배'라는 주제로 다루어진다. 때로는 그러한 차이들이 시기와 지역에 따라 긴장과 갈등의 요인이 되기도 하지만, 서로 다른 음악 양식들이 공존하거나 혼합되기도 한다.

헤른후트 형제단의 음악 전통 형성 과정을 말하려면 아마도 '선교 음악'과 '현재 토착 음악'에 대해 말하는 것이 좋을 것이다. 서로 다른 지역 출신의 헤른후트 형제단 선교사들이 서로 다른 시기에 일하지만 언제나 똑같이 직면하는 문제는 그들에게 의미있는 음악을 선교지 사람들에게 알리는 것이었다. 18세기에 유럽 선교사들은 독일 합창과 브라스 밴드를 북미와 남아프리카 같은 이질적인 지역에 가져갔다. 19세기에 영국 선교사들은 영국의 성가를 카리브해 지역으로 가져왔다. 미국 부흥 운동의 찬송들이 19-20세기에 중미로 이식되었고, 오늘날에는 미국 기독교 방송의 노래들이 탄자니아와 체코에서 들려지기도 한다. 이 모든 것들을 '선교 음악'이라고 할 수 있는데, 이것이 각 지역의 토착 음악 양식에 영향을 주었고, 그에 따라 새로운 음악 양식을 만들어내고 현재 우리들이 갖고 있는 헤른후트 형제단 교회의 매우 다양한 음악들을 낳았다.

6.2 성서적 기초

앞 단락에서 살펴본 대로 헤른후트 형제단 예배의 여러 의식들은 성서의 발상과 원리들에서 유래하였지만, 다양하게 해석될 수 있고 문화에 따라 달리 표현될 수 있는 방식으로 그랬다. 하나님의 말씀을 선포하는 설교를 듣는 것과 성찬식 식탁 주위에 모이는 것은 아마도 가장 중요한 성서적 요소들일 것이다. 헤른후트 형

제단 예배의 발전에 결정적이었던 중요한 또 다른 성서적 전거가 있는데, 그것은 계시록 4-5장에 있는 하늘 예배 묘사이다. 여기에는 하나님의 어린 양이 어떻게 하늘회의에서 하나님의 영광을 받는가를 보여주는 환상이 있다. 하늘회의 참석자들은 어린 양이 하나님에게서 생명책을 받을 때 그 앞에 엎드려 절한다. 하늘과 땅의 수많은 천사들과 모든 생물들이 소리 높여 함께 새 노래를 부른다. "보좌에 앉으신 분과 어린 양에게 찬송과 영예와 영광과 권세가 영원무궁히 있으소서"(계 5:13). 이 환상은 옛 형제단뿐만 아니라 현재의 새 헤른후트 형제단에게도 영감의 원천이다. 우리는 이를 헤른후트 찬송가 겉표지에 있는 두 개의 어린 양 그림에서 볼 수 있다(1564년 체코 형제단 찬양, 1735년 헤른후트 회중 찬양).

첫째 그림에는 수많은 믿는 자들이 승리한 어린 양 주위에 모여 있고, 둘째 그림에는 하늘과 땅 두 차원에서 거행되는 그리스도 예배가 있다. 이 그림들이 전하는 메시지는 지상의 교회가 어떠한 방식으로든 하늘 예배에 참여한다는 것이다. 이것은 헤른후트 형제단의 예배 이해에 중요한 통찰이었다. 말하자면, 비록 우리의 찬양들이 불완전해도, 이것들은 천사들이 끝없는 찬양으로 그리스도를 예배하며 부르는 '새 노래'와 연관된다.

6.3 헤른후트 형제단 예배 전통의 보물들

우리는 우리의 예배의식에서 중요하고 아름다운 여러 가지 '보물들'을 찾아볼 수 있다. 예컨대 성찬식, 애찬식 그리고 부활절 새벽 예배 등이 그것들이다. 그것들은 대부분 친첸도르프 백작 생전에 생겨났다. 이때 새 헤른후트 형제단 교회의 구성원들은 신약성서의 풍부한 예배의식들을 재발견하였다. 그들은 오랫동안 잊혀졌던 평화의 입맞춤(롬16,16)이나 세족식(요13,2-17) 같은 예배 요소들을 열정적으로 시행하였다. 모라비안 형제단의 정착으로 이루어진 헤른후트 회중교회들의 생활은 서로 다른 예배 양식들과 특유의 예배 의식들이 매우 다양하다는 것이 특징이다. 그 가운데 일부는 사라졌고 어떤 것들은 우리 전통의 중요한 부분이 되었다. 많은 지역들은 그들의 찬송가와 예식서를 가지고 있고 아울러 그들의 예배 의식들과 그밖의 다른 헤른후트 형제단 전통들을 개괄한 안내서들을 갖고 있다. 여기에 몇 가지 예가 있다.

- Kanisa La Moravian Tanzania. *Liturgia*. (Motheco Publications 2014)
- Adelaide Fries, *Customs and Practices of the Moravian Church*. (Bethlehem, Pa., 2003).
- Evangelischen Brüderunität, *Handbuch für Versammlungen in der Brüdergemeine: Eine Arbeitshilfe für Liturgen und Kirchenmusiker*. (Herrnhut, Germany, 1990).
- Evangeliese Broederkerk in Suider Afrika, *Godsdienstvorme en Godsdienstige Gebruike van die Moraviese Kerk*. (Genadendal, South Africa, 1988)

6.3.1. 성찬식

성찬식과 세례는 헤른후트 형제단 교회와 대다수의 다른 개신교 교파들이 지키는 두 가지 성례전이다. 성례전의 정의는 보이지 않는 은총의 보이는 표지이다. 성례전에는 하나님에게서 오는 약속과 연관하여 붓는 물이나 떼는 떡 같은 물질들을 사용하는 상징적 행위들이 있다. 개신교 입장에서는 이 성례전들이 그리스도의 명령으로 제정되었다는 사실이 중요하다(마 28:19; 고전11:23-24). 헤른후트 형제단 교회는 성례전이라는 신학적 개념에 대해 특별한 가르침을 갖고 있지 않다. 그렇지만 형제단 교회는 성례전을 매개로 그리스도와의 교제를 추구하고 유지하는 것이 교회의 영적 생명력을 보존하는데 필수적임을 강조한다(COUF 52조). 흰색 가운은 성례전을 거행할 때 통상적으로 입는 의복이다(5장 참조). 세례에 대한 헤른후트 형제단 교회의 입장은 4장에 그 개요가 소개되어 있으므로 여기서는 성찬식을 좀 더 자세하게 살펴보기로 한다.

성찬식 거행 방식들은 형제단 교회의 지방과 지역에 따라 다르지만, 몇 가지 공통점들이 있는데, 이것들은 첫 번째 성찬 의식서가 발간되던 1750년경 확립된 모범에서 비롯된다. 헤른후트 형제단 교회의 성찬식은 떡과 포도주를 나누는 특별한 순서에 그 독특성이 있다.

떡 분배 제정사
떡을 받는 사람들에게 떡 나눔, 이때 나머지 회중은 계속 찬송을 부른다.
떡을 먹도록 초청함
떡을 받은 사람들 함께 먹음
침묵기도
'지극히 거룩한 주 하나님' 찬송으로 경배기도 (아래 참조).

포도주 분배 제정사
포도주 받는 사람들에게 포도주 나눔.
이때 나머지 회중은 여러 곡의 찬송을 부른다.
포도주 마시도록 초청함
포도주 받는 사람들 함께 마심
['지극히 거룩한 주 하나님' 찬송으로 경배기도]
축도

이 구조에 대해 지적해두어야 할 것은 거기에는 보통 찬양, 기도 또는 성서 읽기 같은 그 밖의 순서들이 추가되는데, 바로 이 지점에서 성찬 의식이 크게 달라진다는 것이다. 성찬식이 때로는 독립된 예배로 드려지기도 하고, 때로는 설교를 포함하는 보다 큰 예배의 일부가 되기도 한다. 더 나아가 찬양의 사용에 따라 다른 주제가 강조될 수도 있다. 어떤 지역은 동일한 구조에 기초하지만 크리스마스, 부활절, 파견/선교 또는 11월 13일 그리스도의 최고 장로 취임식(2장 참조) 같은 특별한 절기에는 그에 맞춰 성가 선택이 달라지기 때문에 여러 성찬 예식을 갖고 있기도 하다. 보통 예식 처음에는 서로 간의 평화와 용서를 상징하는 '친교의 오른 손' 곧 친교의 악수가 있다 (갈2:9). 여기서 언급해두고자 하는 것은 형제단의 성찬식 순서에 죄고백과 사죄선언이 포함되지 않을 수도 있다는 점이다. 그 이유는 이러한 절차들이 성찬식에 앞서 진행되었을 수 있기 때문이다. 떡은 목사나 임명된 사람(장로 또는 조사)이 회중구성원들에게 나누어준다. 떡을 먹은 다음에는 특정한 경배기도가 이어진다. 통상적으로는 마틴 루터의 찬양시 가운데 한 소절이 사용된다.

> 지극히 거룩하신 주 하나님,
> 거룩하고 전능하신 하나님,
> 거룩하고 지극히 자비로우신 구주여
> 님은 영원하신 하나님이시니, 우리가 님의
> 죽음으로 얻은 위로를 결코 잃지 않게 하소서
> 자비를 베푸소서, 오 주님이시여!

끝으로 포도주를 나눌 때 형제단 교회는 성배 또는 개인의 잔들을 사용한다. 이때 포도즙을 쓰는 곳도 있고 포도주를 쓰는 곳도 있다.

헤른후트 형제단 교회는 그리스도가 성찬식에 현존하신다고 믿는다(COUF 2조). 그렇지만 그리스도께서 어떻게 현존하시는가를 설명하는 별도의 가르침은 없다. 성찬식에 참여하는 적절한 방식에 대해서는 서로 다른 견해들이 있다. 어떤 지역은 주의 만찬의 거룩함을 존중하기 때문에 교인들이 성찬식에 참여하려면 "문답"에 참석하고 카드나 표를 받아야 한다고 규정한다. 또 어떤 지역에서는 모든 성찬식 참여자들이 이것이 특별한 사건임을 나타내기 위해 특정한 옷을 입는다. 또 다른 어떤 지역의 형제단 교회는 그리스도의 현존을 엄숙히 받아들이기 때문에 그들은 주의 만찬에 참석하라는 그리스도의 초청을 받아들이면 그가 누구든지 복장과 상관없이 그를 배제할 생각을 아예 하지 않는다고 한다.

성찬식 참여자들의 겉모습이 어떻든지 형제단 교회는 성찬식 성례전이 예배

자들로 하여금 하나님과 또 서로 간에 긴밀한 교제를 갖게 한다고 믿는다. "주의 만찬 자체가 믿는 자들과 그리스도의 또 서로 간의 연합과 교제를 강조하므로, 성찬식을 거행할 때 어떤 형태를 따르든, 형제단 교회 전통은 성례전의 이러한 측면을 강조하고 그럼으로써 오랜 세월동안 많은 사람들에게 축복을 가져왔다"(COUF 671조).

6.3.2. 찬양 예배

헤른후트 전통에는 여러 가지 이름들로 불리는 전통이 하나 있다. 그것은 찬송을 부름으로써 복음을 설교하는 데 집중하는 전통이다. 독일어로는 'Singstunde(찬송시간)'이고, 영어로는 'Hour of singing'으로 옮겨질 수 있는데, 'singspiration(찬송영감)' 또는 'hymn-sing'이라는 이름도 사용된다. 이러한 형태의 예배는 믿는 사람들이 함께 모여 찬송을 부름으로 서로 신앙의 덕목을 고취시키는 데 그 취지가 있다. 이 예배는 거의 전체가 찬송 또는 헤른후트 로중의 그 날 성서 구절에 비춰 선택된 각 찬송의 일부 절들로 이루어진다.

역사

18세기와 19세기 초에 형제단 구성원들은 대부분 수 백곡의 찬송(시)들을 암송하였다. 그러므로 찬송 예배를 드리기가 어렵지 않았다. 목사가 찬송들을 고르고 순서를 정하면, 예배는 프린트한 순서지나 알리는 말 없이 진행되었다. 목사가 단지 찬송을 부르기 시작하면 회중들이 합세하여 말씀을 외워 불렀다. 그 노래가 끝나면, 목사는 다른 것을 부르고 그렇게 계속했다. 예배의 주제는 선택된 찬송들의 가사들을 통해 이렇게 드러났다.

현재

오늘날 찬양예배는 여러 방식으로 드려진다. 사람들이 모여 특별한 형식 없이 좋아하는 찬송 몇 곡을 자연스럽게 부를 수 있고 때로는 기타 반주에 맞춰 할 수도 있다. 또는 순서지와 교회 오르간 음악을 동반하는 등 좀 더 형식을 갖춰 찬양

예배를 드릴 수도 있다. 때로는 성서 읽기와 기도가 포함되기도 하고 성가대나 그 밖의 뮤지컬 그룹이 참여할 수도 있다. 하지만 어느 경우든 목적은 동일하다. 믿는 자들이 함께 찬양함으로 그들의 신앙을 나타내고 그리스도의 복음을 선포하는 것이 그 목적이다. 찬양할 때 각 사람은 그 메시지의 일부가 되고 그의 믿음의 동료들에게 설교자가 되고 또 그들의 설교를 듣는 수신자가 된다.

6.3.3. 애찬식

애찬식은 믿는 자들이 함께 모여 함께 식사하던 초대교회의 아가페 식사 전통에 기초한 친교예배이다(행2:46; 유1:12). 애찬식에는 그리스도인의 사랑을 드러내는 표현으로 예배 중에 음식 나누는 것도 포함되지만, 애찬식은 성찬식과 다르게 행해지고 성례전으로 간주되지 않는다.

역사

헤른후트 형제단의 애찬식 전통은 1727년 8월 13일의 사건들로 거슬러 올라간다. 당시 서로 다투고 있던 헤른후트 공동체는 화해의 은사를 경험하였다(1.4.2 참조). 성찬식 예배를 드리는 동안 사람들은 서로 용서를 구했고 조화와 사랑의 새 영을 받았다. 예배 후에도 공동체의 여러 그룹들이 함께 남아 계속 말을 주고받고 찬양하였다. 그들이 헤어져 각자 집에서 식사하는 것을 원치 않았기 때문에, 친첸도르프 백작은 기회를 잡아 그의 저택 부엌에서 모든 사람을 위해 음식을 가져오게 하였다. 함께 식사를 나눈 공동체 회원들은 저녁 늦게까지 친교를 나눌 수 있었고 새롭게 형성된 공동체의 연대는 강화되었다. 이것이 헤른후트 형제단의 첫 번째 애찬식이었고, 그때부터 애찬식은 헤른후트 형제단 교회에서 중요한 사건들을 축하하는 아주 특별한 방식이 되었다.

현재

정해진 애찬식 의식이란 아예 없었기 때문에 이 전통은 헤른후트 형제단의 지역에 따라 매우 다르게 전개되었다. 어떤 지역에서는 애찬식이 자주 행해지지만,

다른 지역에서는 덜 행해지기도 했고 심지어 애찬식이 알려지지 않은 곳도 있다. 어떤 형제단 교회에서는 애찬식이 확고한 예배형식을 취하고, 어떤 곳에서는 격식에 얽매이지 않는 좀 더 편안한 분위기 가운데 진행되기도 한다. 사용되는 음식도 종류가 매우 다양하다. 차, 커피, 쥬스 등의 음료수나 또 번즈 같은 빵이나 케이크 또는 과자가 먹을 것으로 제공된다. 보통은 (봉사자, 예배실 관리자 또는 물품 관리인으로도 알려진) 안내자들이 음식을 교회에 가져와 나눠주고, 그동안 회중 구성원들은 함께 찬양하도록 초청을 받는다. 어떤 지역에서는 사람들이 자기들이 받은 번즈나 과자를 교회에서 다른 사람들과 나누기도 한다. 사람들이 먹고 마실 때 성가대의 찬양이나 대표자의 짤막한 설명이 있을 수도 있다.

애찬식은 주로 8월 13일 같은 헤른후트 형제단의 기념일이나 헌당, 신임 목회자 취임 같이 회중의 역사에서 중요한 사건들 또는 그 밖의 중요한 기념일에 시행된다. 어떤 지역에는 크리스마스 이브와 수난 주간의 성토요일에 드리는 특별한 애찬식도 있다. 여하튼 애찬식은 우리가 간직하고 지켜야 하는 헤른후트 형제단 전통의 중요한 '보물들' 가운데 하나다. 애찬식은 즐겁고 예배같은 환경에서 교회 가족간에 그리스도인의 친교를 나누고 경험하는 놀라운 방식이다. 친구들과 가족이 함께 모여 축하 음식을 나누는 것처럼, 형제단 자매들과 형제들은 교회에 모여 음식과 소식을 나누고 말하고 듣고 노래하고 기도하고 하나님을 기리고 찬양하는 시간을 갖는다.

6.3.4. 계약의 잔

계약의 잔은 우리 전통이 지닌 또 하나의 특별한 보물이다. 계약의 잔은 특히 9월 16일 '목회자들의 계약일'을 기념하는 것과 관련된다. 이 날은 예수 그리스도가 1741년 헤른후트 공동체의 대표 장로로 선출된 날을 기념한다(2.1 참조). 이 의식에는 서로 그리스도에게 헌신하는 표지로 포도주잔을 나누는 순서가 있다. 계약의 잔은 비록 용어나 형식이 성찬식을 연상시키지만 성찬식과 혼동해서는 안된다. 주의 만찬을 기념하는 동안 나누는 잔은 예수께서 식사 후에 드신 잔에 근거하지만, 계약의 잔은 예수와 제자들이 유월절 식사를 시작할 때 나눈 잔에서 비롯된다(눅22,17). 계약의 잔은 세례나 성찬식 같은 성례전이 아니라 그리스도를 섬기는 일에 헌신한 사람들 가운데서 그 헌신을 새로 다짐하는 것을 나타내는 표현이다.

역사

계약의 잔 의식은 초기 헤른후트 형제단 회중의 역사까지 거슬러 올라가는 전통이다. 1733년 8월 선교사 일행이 서인도 제도로 떠나기 전에 애찬식이 행해졌다. 애찬식이 끝나자 친첸도르프가 선교사들을 자기 방으로 초대하였다. 거기서 그들은 복음에 끝까지 충성하기로 서약하고 그들 모두가 함께 마신 포도주잔으로 도장을 찍었다. 이 의식은 일회적 사건으로 그치지 않았다. 곧 '계약의 잔'은 기념의식이 되었고, 이 의식이 진행되는 동안 교회 안에 있는 회중 전체 또는 특정한 그룹의 사람들은 그들의 일치를 나타내고 그리스도를 섬기는 일에 대한 그들의 헌신을 새롭게 다짐하였다. 1735년의 기록에 따르면 그 의식은 다음과 같이 진행되었다. "연설 후에 장로 한 사람이 그 자리에 있는 모든 형제들을 축복하였다. 잔이 돌려지고 우리들이 그 잔을 마시는 동안 (나머지) 모든 사람들은 옆 사람들을 개인적으로 축복하고 그 다음에 우리는 서로 평화의 입맞춤을 했다." 1775년에 총회는 계약의 잔이 의도하는 것은 "하나님께서 특별한 자비를 베푸신 것에 대해 하나님을 찬양하는 것과 충성을 새로이 다짐하며 함께 연합하여 예수를 섬기고 교회의 원칙들을 견지하는 것"에 있다고 규정하였다.

현재

'계약의 잔'이 아주 잘 알려진 것은 아니지만, 그것은 교회 구성원들이나 목회자들이 그리스도를 섬기는 일에서 서로에 대한 그들의 헌신을 확증하고 새롭게 하고자 하는 특별한 때를 기념하는 좋은 방식이다(COUF 674조). 계약의 잔 의식 거행에 적절한 '때'에는 지도자 회의, 청년 모임, 은퇴 등이 포함된다. 어떤 지역에서는 그 지역에 사는 목회자들이 9월 16일이나 그 즈음에 '목회자 계약일' 모임을 갖고 계약의 잔을 나눈다. 이 의식은 간단하다. 모임에 대한 설명이 있고 포도주 또는 포도 쥬스 잔이 돌려지고, 그동안 찬양이 계속된다. 참여자들은 서로 축복의 말을 하기도 한다. 계약의 잔과 성찬식을 더 분명히 구별하기 위해 때로는 흰 포도주나 쥬스가 사용되기도 한다.

6.3.5. 장례식과 헤른후트 공동체 구성원의 회고록

헤른후트 형제단의 장례식은 지역에 따라 크게 다르고 지역의 관습과 문화적 전통 을 반영하여 거행된다. 이러한 이별과 애도의 시간에는 망자의 생에 대해 하나님께 드리는 감사가 있고 부활의 소망과 확신이 주를 이룬다는 것이 헤른후트 형제단 교회 장례식의 특징이다. 그 장례식의 한 가지 특별한 관습은, 어떤 지역에서는 지금도 지켜지고 있는데, 망자의 회고록을 읽는 것이다. 18세기부터 헤른후트 형제단 교회는 구성원들에게 그들의 신앙의 증언으로 영적 자서전을 기록하도록 권유하였고, 그것은 그들의 장례식에 낭독되곤 하였다. 일반적으로 이 회고록은 한 사람이 기쁨과 고난의 시기들을 지나며 어떻게 하나님의 인도하심을 받았는가를 기록했을 것이다. 장례식 후에 회고록은 지역의 아키브에 소장되었다. 수많은 헤른후트 형제단 구성원들의 회고록이 보존되어 있다. 이러한 관습은 우리 교회의 특별한 보물들 가운데 하나이고 재발견될 만한 가치가 있다.

6.4 교회력에 따른 특별 기념일들

교회는 교회력에 따라 대림절, 성탄절, 사순절 및 부활절 같은 절기와 기독교 축제일들을 매년 주기적으로 기념한다. 특별한 절기와 축제일을 지키는 관습은 구약성서까지 거슬러 올라간다. 예를 들면 구약성서에서 우리는 이스라엘의 출애굽을 기념하여 유월절 축제를 지키라는 명령을 볼 수 있다(레23:5-8). 많은 기독교 축제들은 예수 그리스도의 출생, 십자가형, 부활, 승천, 그의 약속에 따라 성령을 보내신 것 등 그의 이야기에서 중요한 사건들을 기념한다. 헤른후트 형제단의 전통적인 교회력에는 일반적인 기독교 축제들과 아울러 헤른후트 형제단 교회의 특별한 많은 축제일들이 있다(COUF 681조). 헤른후트 형제단의 축제일에 대한 설명은 제 2장 2.9에 나온다. 여기서는 성탄절, 신년전야제, 수난주간과 부활절 기념에 담긴 우리 전통의 '보물들'을 간략하게 소개하고자 한다.

6.4.1. 성탄절

성탄절 기념에서 헤른후트 형제단 전통의 가장 독특한 부분은 촛불예배다. 이때 아이들만 또는 모든 참석자들이 세상의 빛으로 탄생하신 예수 그리스도를 상징하는 작은 촛불을 받는다(요8:12; 12:46; 눅1:78-79). 이 전통은 1747년에 헤른후트 형제단의 감독 요한네스 드 봐테빌이 어린이 성탄절 예배를 인도하며 작은 붉은 색 리본을 묶은 촛불을 나누어 준 것에서 비롯되었다. 교회 일지에 따르면 봐테빌 감독은 예수를 통해 사람들에게 찾아온 행복을 아이들에게 이렇게 설명하였다. "예수는 각 사람의 작은 마음에 불을 밝혔는데, 이 불이 계속 타오르며 그들의 기쁨이 되고 또 우리의 행복이 됩니다." 이 뜻을 분명하게 하려고 어린이들에게 불이 켜지고 붉은 색 리본으로 묶은 작은 초가 나눠졌다. 감독은 예배를 마치며 이렇게 기도하였다. "주 예수님, 이 아이들의 마음에 불을 밝히셔서 이들의 마음이 주님의 마음처럼 되게 하소서!" 교회일지는 이렇게 맺는다. "이에 아이들은 기쁨으로 가득 차 불 켜진 촛불을 들고 각자 방으로 가서 즐겁고 행복하게 잠자리에 들었다."

현재

성탄절 촛불예배는 여러 지역에서 행해지고 있다. 헤른후트 형제단 선교사들은 이 예배 전통을 라바도르와 펜실바니아, 티베트와 수리남, 카리브 해안 지역과 남아프리카 등에 전하였고, 세계 각 지역의 사람들은 이를 자신들의 용도에 맞게 적용하였다. 북미에서는 많은 헤른후트 형제단 회중들이 성탄전야에 촛불 사랑 축제를 연다. 영국 지역에서는 이 의식이 더 정교한 상징체계를 갖춘 크리스팅글(Christingle: 그리스도 빛) 전통으로 발전하였다. 크리스팅글은 세상을 상징하는 오렌지와 세상의 빛이신 그리스도를 나타내는 불 켜진 촛불로 되어 있다.

초에 꽂은 견과류와 건포도와 단 것들 꼬치들은 세상의 열매들을 공급하시는 하나님의 풍성하심과 선하심을 나타낸다. 초의 밑둥 주위를 주름 모양으로 둘러싼 붉은 종이는 우리에게 그리스도께서 모든 사람들을 위해 갈보리 십자가에서 흘린 그의 피를 기억하게 한다.

6.4.2. 신년전야제

헤른후트 형제단 교회에는 해가 바뀌는 것을 기념하는 여러 가지 전통들이 있다. 그 가운데 한 가지 관례는 지금도 어떤 지역에서는 행해지고 있는데 지난해의 사건들에 대한 보고서를 읽는 것이다. 이 보고서는 '메모라빌리아'(memorabilia)로 알려져 있는데, 이 말은 '기억되어야 할 것'을 뜻한다. 그 보고서는 목사가 회중에게 제출하고 교회 기록보관소에 보존된다. 또 하나의 관례는 새해의 '헤른후트 로중' 또는 다른 적절한 성서 읽기 모음집을 사용하여 교회의 목회자들과 구성원들이 각 개인의 좌우명으로 삼을 성구를 추첨으로 뽑아 새해의 영감이나 인도 내지 격려의 원천으로 받아들이는 것이다.

끝으로 신년전야에 드리는 송구영신예배 전통이 있다. 이것은 오는 새해를 경건하게 맞는 방식이다. 송구영신예배에는 회중이 영시를 기다릴 때 성서 읽기, 찬양, 기도, 그리고 짤막한 설교 같은 순서가 있을 수 있다. 오르간이나 밴드가 신년의 도래를 알리는 신호를 하면 회중은 전통 합창곡인 "지금 우리 모두 마음과 손과 목소리 모아 하나님께 감사드리자"나 다른 적절한 찬송을 부른다. 곳에 따라서는 목사의 설교를 중간에 끊고 음악 순서를 넣는 관례도 있다. 이러한 중단은 그리스도께서 언제라도 다시 오실 수 있다는 가르침을 상징하고 모든 사람들에게 영적 준비의 필요성을 일깨워준다. 그 다음에 '헤른후트 로중'에서 1월 1일 좌우명 성구를 읽고 새로운 한 해 동안 하나님께서 인도해주실 것을 간구하는 기도와 축도로 예배가 종료된다.

6.4.3. 성(聖)주간

'수난주간'으로도 알려져있는 성주간은 종려주일부터 부활 이전 토요일까지의 주간으로 예수의 지상 생애의 마지막 날들과 십자가형 그리고 장례를 기념한다. 전통적인 헤른후트 형제단의 성주간 의식은 복음서들에 기록된 수난사의 사건들을 따라 드리는 일련의 매일 예배들이 특징적이다. 성주간은 우리가 갈보리로 가는 예수를 동행하고 주님의 삶과 고난을 명상하는 깊은 경외와 기도의 한 주간이라고 할 수 있다.

성서적 배경

마태, 마가, 누가, 요한 네 복음서는 예수의 말씀과 행위들을 기록하고 있고, 이 이야기들 가운데 1/4 이상이 종려주일에 예수가 예루살렘에 입성한 것으로부터 성전정화, 종교지도자들과의 논쟁, 종말에 대한 가르침, 가까운 제자들과 함께 치른 최후의 만찬을 거쳐 체포와 심문과 십자가 처형 그리고 장례 보도에 이르기까지 성주간에 할애되고 있다. 성서학자들이 네 복음서들의 전망이 서로 다르고 뚜렷하게 구별된다고 지적한 것은 옳지만, 동시에 그 복음서들은 모두 그리스도의 수난을 보다 넓은 관점에서 보게 하는데 기여한다. 헤른후트 형제단의 성주간 헌신 집회들에서는 그 취지에 맞게 (네 보도들을 하나로 통합하려는) 조화 복음서(a harmony of the Gospels)가 사용된다.

현재

성주간을 지키는 방식은 지역에 따라 크게 다르다. 매일 예배를 드리는 곳도 있고 그렇지 않은 곳도 있다. 성주간에 사용되는 본문도 판본이 다르고 번역이 다르기도 하다.

영어권 지역에서는 성서 일기 본문이 '성주간 본문' 또는 '수난주간본문'으로 알려져 있고, 그날그날 읽을 본문이 선정되어 있다. 성주간 예배들은 보통 저녁에 드려진다. 목사나 평신도 지도자가 그날의 본문을 단락별로 읽고, 회중은 각 단락에 대해 그에 맞는 적절한 찬송으로 응답한다. 설교는 없다.

본문 읽기의 출발점은 통상적으로 종려주일과 예수의 예루살렘 입성 이야기다(마 21:1-9). 우리 전통의 한 가지 특징은 호산나 찬송을 부르는 것이다. 이것은 헤른후트 형제단의 작곡가 크리스티안 그레고르가 지은 곡으로 성가대와 회중이 마 21:9의 말씀을 부름-응답 형식으로 주고받게 되어있다. 때로는 어린이 성가대가 참여하여 예수께서 마 21:16에서 말씀하신 것을 실례로 보여준다. '너희는 주님께서 어린 아이들과 젖먹이들의 입에서 나오는 것으로 찬양을 준비하셨다는 말을 들어본 적이 없느냐?'

세족식을 하는 목요일은 예수께서 제자들과 주의 만찬을 하시던 날이다. 이 날 많은 헤른후트 형제단 교회들은 특별한 성찬식을 거행한다. 성금요일 예배는 예수께서 십자가에서 운명하시던 때와 그가 어떻게 무덤에 안치되어 안식하셨는가를 나타낸다. 일부 헤른후트 형제단 교회들은 어둠(Tenebrae)의 예배를 드린다. 이 예배는 성금요일의 어두운 분위기를 나타낸다. 끝으로 성토요일에 일부 형제단 교회들은 예수께서 구원 사역을 완수하시고 무덤에서 안식하셨다는 사실의 영적 의미를 되새겨보는 예배를 드린다. 전통적으로 이 날은 대(大)안식일로 일컬어진다. 어떤 형제단 교회들은 이 날 특별한 애찬식을 한다. 이 애찬식은 주님의 수난에 대한 성찰들에서 그의 부활의 영광에 대한 (기대로) 옮아가는 적절한 계기가 된다. 또한 묘지를 소유한(6.5.2 참조) 많은 형제단 교회들은 구성원들로 하여금 묘지가 부활의 아침을 맞도록 묘지를 다듬고 준비하는 일을 돕게 한다. 할아버지 할머니, 아버지와 어머니, 자녀들, 손주들이 함께 이 일을 하고 하나님의 영지에 묻힌 이들에 대한 이야기를 나눈다면, 그것은 참으로 행복을 주는 사건이 될 것이다.

6.4.4. 부활절 아침

그리스도의 부활은 많은 헤른후트 형제단 교회들이 부활절 새벽 일출 예배로 기념한다. 사람들은 동틀 때 교회에 모여 부활절 메시지를 듣는다. 목사는 '주께서 부활하셨다'는 선언으로 회중에게 인사하고, 회중은 '주께서 부활하셨습니다. 참으로 그렇습니다'라고 응답한다. 예배는 부활절 아침 교독문으로 이어진다. 이것은 성서에서뿐만 아니라 삼위일체 하나님에 대한 우리의 신앙을 담은 고대 신조들에서도 발췌한 구절들로 이루어져 있다. 자체 묘지가 있는 대부분의 형제단 교회에서 행해지는 예배의 2부 순서는 교회에서 묘지까지 행진하는 것이다. 복음서들에 따르면, 여인들은 해 뜰 때 예수의 무덤에 갔는데 예수께서 부활하셨기 때문에 무덤이 비어있음을 발견하였다(막16,1-8). 이와 비슷하게 회중 구성원들은 동틀 때 묘지에 모여 부활 메시지의 능력을 기념한다. 어느 지역에서는 지난 부활절 이후 한 해동안 소천한 이들의 이름을 부르기도 한다.

역사

1732년 헤른후트에서 최초의 부활절 새벽 예배가 드려졌고, 이는 독신 형제 모임이 시작하였다. 그들은 헤른후트 형제단 묘지가 있는 후트베르크 산에서 기도 모임을 갖기로 결정하였다. 예수의 제자들처럼 그들은 묘지를 방문하는 것으로 그날 아침을 보내고자 하였다. 몇 해 후 친첸도르프 백작은 헤른후트 형제단의 부활절 새벽 예배 전통을 그리스 정교의 의식과 결부시켰다. 모든 회중이 마치 장례를 하러 묘지에 가는 것처럼 부활절 아침에 브라스 밴드에 맞춰 묘지까지 행진하는 것이 곧 관례가 되었다. 많은 지역에서 이것은 매우 감동적이고 대중적인 예배가 되었고, 헤른후트 형제단 교회 구성원이 아닌 사람들에게도 관심 대상이 되었다. 윈스턴 살렘에서는 매년 수천명의 사람들이 새벽예배에 참석하러 온다.

6.5 헤른후트 형제단의 성소와 하나님의 영지(God's Acre)

이 마지막 단락에서 우리는 헤른후트 형제단 교회 건물의 건축양식에 나타난 헤른후트 형제단의 예배 공간 이해를 간략하게 다루고자 한다. 헤른후트 형제단의 묘지 전통도 이 단락에서 다루어진다. 그 이유는 하나님의 영지 형태가 어떤 점에서는 헤른후트 형제단 성소의 디자인을 반영하기 때문이다.

6.5.1. 헤른후트 형제단 성소의 건축양식

전 세계 형제단의 교회 건물과 성소는 해당 지역의 건축양식, 건축자재 그리고 문화적 전통의 차이들을 반영하는 만큼 매우 다양하다. 헤른후트 형제단 교회의 성소들은 다른 개신교 교파들의 성소와 상당히 비슷한 경우들도 많다. 그렇지만 단순하고 기능적인 교회를 건축하는 경향이 형제단 전통의 특징이다. 내부에는 흰색이 자주 사용된다. 교회는 한 쪽에는 형제들이 다른 쪽에는 자매들이 앉는 대칭적 구조를 갖는 경우들도 있다. 물론 대다수 형제단 교회들은 더 이상 남녀가 따로 앉는 전통을 지키지 않는다. 헤른후트 형제단은 교회 건물이 중요하다고 생각하지만, 건물은 '필수적인' 것에 속하지 않는다. 솔로몬은 주님을 위한 집으로 유대 성전을 건축했지만(왕상6:1), 그리스도인에게 그러한 건물은 필요하지 않다. 그들 자신이 하나님을 위한 영적 성전이기 때문이다(고전3:16-17; 엡2:19-22). 우리 성소의 가장 큰 아름다움은 회중의 구성원들이기 때문에 그것은 아름다운 장식을 요구하지 않는다는 형제단의 지혜가 그러한 인식을 반영하고 있다.

역사

옛 헤른후트 형제단의 예배 장소는 매우 단순해서 일반 가옥들과 구별할 수 없는 경우도 자주 있었다. 비합법적 소수 집단이었기에 형제단은 주류 교회와 같은 건물들을 지을 수 없었다. 새 헤른후트 형제단 교회는 회관 또는 강당(Saal)로

크리스천펠트 헤른후트 형제단 교회 인테리어

알려진 독특한 형태의 성소이다. 그것은 형제단이 정착한 곳의 모든 회중이 모일 수 있을 만큼 기본적으로 큰 회관이었다. 이러한 디자인이 헤른후트 교회 건축에 사용되었고(1757), 대부분의 형제단 정착지 교회에서 채택되었다. 교회 건물은 자매석과 형제석으로 나눠지고, 양자는 입구가 달랐다. 안에는 제단이나 설교단이 없고, 단지 간단한 테이블이 (직사각형) 회관의 긴 쪽들 가운데 어느 한 쪽에 약간 높게 놓여 있을 뿐이다. 예배 인도자는 회중이 잘 볼 수 있지만 회중과 완전히 분리되어 있지 않다. 의자들은 모두 흰 색이고 이동식이어서 예배 유형이 달라지면 그 필요에 맞춰 다르게 배열될 수 있다. 회관의 짧은 쪽 양쪽에는 발코니가 있다. 한 쪽에는 방문객 좌석이 있고, 다른 쪽에는 오르간과 성가대가 위치한다. 회중보다 높은 곳에 있는 성가대와 연주자들은 하늘의 '승리한 교회'를 상징한다(6.6.2 참조). 회관 내부는 흰색으로 칠해져 있다. 그리스도가 그의 백성을 죄에서 깨끗케 하셨음을 믿기 때문에, 형제단 교회는 흰색을 희망과 기쁨과 정결의 색으로 간주한다. 그러므로 흰색 내부는 회중이 입을 '흰색 두루마기'를 상징한다.

6.5.2 하나님의 영지(교회 묘지)

전 세계의 많은 헤른후트 형제단 교회들은 그들 소유의 묘지가 있다. 이것은 종종 '하나님의 영지'라고 불린다. 이 이름은 그리스도를 믿는 자들에게 묘지란 하나님께 바쳐진 밭과 같고 거기에 죽은 자의 몸이 부활의 소망 가운데 씨처럼 뿌려진다는 헤른후트 형제단의 전통적 이해를 반영한다. 그 묘지들은 대부분 비슷한 모양인데, 그 모양의 특징은 단순성과 균일성이다. 무덤들은 시간 순서대로 차례차례 그 옆에 만들어지고, 비슷하고 매우 단순한 묘비석으로 표시되는데, 묘비석은 바닥에 평편하게 눕혀 놓는 것이 보통이다. 형제들과 자매들은 서로 다른 구역에 묻히는 경우들도 있다. 이처럼 하나님의 영지 구획은 형제단 성소의 전통적인 착석 순서를 반영한다. 형제단의 회중들 가운데 한 사람이 소천하면, 장례 예배를 위해 사람들이 '하나님의 영지'에 모이고 기도자들이 묘 옆에 선다. 그 밖에도 하나님의 영지는 부활절 아침에 드리는 전통적인 헤른후트 형제단 새벽 예배의 모임 장소로도 종종 사용된다.

성서적 배경

적법한 묘지의 중요성은 구약성서에서 찾아볼 수 있다. 예를 들면, 아브라함은 아내와 자기를 위해 에브론의 밭을 매장지로 구입하였다(창23장). 예수는 십자가에서 처형당한 후 한 번도 사용한 적이 없는 무덤에 묻혔다(눅24,53). 제 삼일 이른 아침에 제자들은 무덤이 비어있음을 알게 되었다(막16,1-4). 초기 그리스도인들은 예수를 '죽은 자 가운데서 처음 난 자'로 고백하였고, (고전15:20; 계1:5), 그는 그들에게 부활의 소망을 주었다 (요11:25; 12:24; 14:19). 사도 바울은 예수 안에서 잠든 자들이 그리스도의 부활의 능력으로 다시 일어날 것이라고 말한다(살전 4:14). 썩을 몸에 지금 뿌려진 것은 영광 가운데 다시 일으켜질 것이다(고후 15:42-43).

역사

(1730년에 세워진) 헤른후트 소재 '하나님의 영지'는 대다수 전통적인 형제단 묘지의 모델이다. 현재도 사용중인 이 묘지에는 친첸도르프 백작과 크리스챤 데이비드와 많은 선교사들의 묘를 포함해서 6000개 이상의 묘가 있다. 여기서 최초의 부활절 새벽 예배가 1732년에 드려졌다. 헤른후트 형제단이 다른 지역에 가면, 그들의 전형적인 '하나님의 영지'도 보통 새로운 정착지의 일부가 된다. 시간이 지나면서 형제단의 장례식은 주변 문화의 요소들을 받아들이고 지역의 관습과 전통들을 따르게 되었는데, 특히 선교지에서 그랬다. 따라서 헤른후트 형제단의 장례식은 오늘날 매우 다양해졌다.

목회적 관련성

헤른후트 형제단의 묘지는 그리스도의 부활에 대한 우리 믿음을 증언한다. 때로는 요11:25나 고전15:20 같은 성서 구절들이 출입문에 새겨져 있다. 무덤들이 똑바로 줄지어 있는 것은 한편 교회에

들어와 착석하는 순서를 반영하고 다른 한편 죽은 자가 주님 안에서 안식하고 있는 기숙사 이미지나 잠든 자들이 부활의 추수 때를 기다리는 정원 이미지를 연상시킨다. 또한 헤른후트 형제단 묘지의 전통적 디자인은 죽었을 때 모든 사람들은 하나님 앞에 동등하다는 강한 믿음을 증거한다. 따라서 모든 묘비들은 비슷하고, 부자의 무덤을 가난한 사람의 무덤과 구별하는 특별한 기념비들도 없다. 묘지 그 자체가 승리하는 교회의 상징이라는 점이 매우 중요하다. 묘지는 주님과 함께 있기위해 떠난 사람들을 기억하는 곳이다(살전 4:17). 이에 따라 일부 형제단의 장례 의식에는 그리스도께서 우리를 승리하는 교회와 영원히 친교하게 해주시기를 간구하는 기도가 들어있다.

그렇다. 하나님의 영지는 돌아가신 이들을 애도하고 기억하는 곳이다. 그렇지만 그곳은 또한 우리가 기뻐하는 곳이기도 하다. 비록 우리가 사랑하는 사람이 더 이상 우리와 함께 이 땅에 있지는 않지만, 우리는 그들이 지금 예수와 함께 살고 있음을 알기 때문이다. 하나님의 영지는 평화와 희망과 믿음의 자리이다.

토론을 위한 물음:
- 헤른후트 형제단은 왜 정기적으로 모여 예배를 드리는가?
- 여러분은 여러분의 교회가 드리는 예배에서 무엇을 가장 좋아하는가?
- 헤른후트 형제단은 예배에서 왜 음악을 그렇게 많이 사용하는가?
- 헤른후트 형제단 예배를 "헤른후트적인 것"으로 만드는 것은 무엇인가?
- 여러분에게 의미가 있는 특별한 헤른후트 형제단 의식이나 전통들이 있는가?
- 여러분이 잘 알지 못하지만 경험해보고 싶은 헤른후트 형제단 전통들이 있는가?

Resources:

Linyard, Fred and Phillip Tovey. *Moravian Worship*. Bramcote, Nottingham: Grove Books, 1994.

Fries, Adelaide. *Customs and Practices of the Moravian Church*. 4th edition. Bethlehem: Moravian Church in North America, 2003.

Williams, Henry L. "The Development of the Moravian Hymnal." *Transactions of the Moravian Historical Society* XVIII (1962): 239-266.

Knouse, Nola Reed, and C. Daniel Crews. *Moravian Music: An Introduction*. Winston-Salem: Moravian Music Foundation, 1996.

_____. *At the Lamb's High Feast We Sing: Moravian Celebration of Holy Communion*. Winston Salem, NC 2012.

Van den Bosch, Ben. *The Origin and Development of the Trombone Work of the Moravian Churches in Germany and All the World*. C. Daniel Crews, translator. Winston-Salem: Moravian Music Foundation, 1990.

제 7장

"하나님의 이야기를 말함-하나님의 일을 행함" - 선교와 디아코니아(사회적 목회)에 대한 헤른후트 형제단의 관점

곤경에 처한 사람들을 위한 선교 활동과 목회를 하도록 부름받는 소명은 헤른후트 형제단 교회의 삶에서 특별히 중요한 위치를 차지한다. 이 사실은 헤른후트 형제단 강령의 다음 규정에도 반영되어 있다. "형제단은 십자가의 말씀이 성서와 모든 복음 선포의 중심임을 인정하고 형제단의 최우선 사명과 존재이유가 이 복음을 증거하는 것에 있다고 본다."(GOTU 4조). "우리 주 예수께서는 이 세상의 고통 가운데 들어가서 고통을 짊어지고 그 고통을 이기셨다. 우리는 예수 그리스도의 백성을 섬김으로 그를 따르고자 한다. 예수의 사랑처럼 이 섬김은 끝이 없다. 그러므로 우리는 주님께서 이웃에게 이르는 길을 보여주셔서 곤경에 처한 이들에게 우리 마음과 손을 열도록 늘 새로이 기도한다" (GOTU 10조). 이 장에서 여러분은 헤른후트 형제단의 선교 역사와 현재 상황을 배우고 헤른후트 형제단 교회의 다양한 디아코니아(사회적) 목회와 활동에 대해 알게 될 것이다.

예수 그리스도의 복음을 선포하는 것은 처음 그리스도인에게 중대한 관심사였다. 예수 그리스도께서 하늘에 오르실 때 제자들에게 나타나셔서 그들에게 "가서 모든 민족들을 제자 삼으라"는 '큰 명령'을 주셨다(마28:19). 대부분의 사도들은 유대인들에게 복음을 증거 했지만, 사도 바울은 이스라엘 밖의 민족들에게 복음을 전한 최초의 선교사들 가운데 한 사람이 되었다. 초대교회의 선교사역은 수

이 장의 초고를 준비한 형제 샘 그레이와 추가 자료를 제공해준 형제 타쉐와 중요한 통찰들과 유용한 교정과 조언으로 개정에 도움을 준 모든 이들에게 깊은 감사를 드린다.

세대에 걸쳐 계속되었고, 그 결과 그리스도교는 로마제국 전역에 확산되고 북아프리카, 중동 아시아, 인도 그리고 유럽의 여러 지역들에까지 전파되었다. 중세 말에 이르러 유럽 국가들은 거의 모두 그리스도교화 되었다. 이 때문에 선교는 종교개혁 당시에는 더 이상 중요한 주제가 아니었다. 루터와 다른 개신교 교회 지도자들은 '큰 명령'이 완전히 이행되었다고 믿었다. 선교 문제는 유럽 탐험가들이 새로운 나라들과 대륙들을 발견하고 복음을 받아들인 적이 전혀 없는 민족들을 만났을 때 비로소 제기되었다. 헤른후트 형제단 교회는 이같은 18세기의 도전에 응답한 개신교 선교 개척 그룹들 가운데 하나이다.

때로는 헤른후트 형제단 교회가 최초로 개신교 세계선교를 시작했다고 하기도 한다. 그러나 이러한 주장이 꼭 맞는 것은 아니다. 다른 나라로 간 최초의 개신교 선교사들은 1706년 경건주의 운동 지도자인 아우구스트 헤어만 프랑케가 독일 할레에서 인도로 파견한 사람들이다. 이것은 대략 헤른후트 형제단이 결성되기 16년 전의 일이다. 그렇지만 친첸도르프 백작은 할레에 있는 프랑케의 학교에 다녔고 그 선교사들이 휴가차 돌아왔을 때 그들을 만나기도 했다. 그들은 친첸도르프에게 커다란 자극과 영감을 주었고, 이에 자신도 그리스도의 나라 확장에 생을 바치겠다는 그의 의지를 강화시켰다. 할레의 선교는 한 지역에 국한되었다면, 전세계적으로 선교 네트워크를 형성하기 위해 체계적 노력을 기울인 것은 헤른후트 형제단 교회가 최초였다.

7.1 헤른후트 형제단 선교의 시작

헤른후트 선교의 "처음 불꽃"은 1731년에 일어난 한 사건이다. 친첸도르프 백작은 크리스챤 6세의 덴마크 왕 대관식에 초청받아 참석하였다. 그는 코펜하겐 왕궁에 잠시 머무는 동안 거기서 안토니 울리히라는 흑인 하인을 만났다.

그는 덴마크령 서인도 제도의 아프리카계 노예였는데 덴마크로 끌려와 왕의 하인이 되었다. 안토니는 모든 축제 손님들에게 매우 인기가 있었다. 당시 대다수 유럽인들은 흑인을 본 적이 한번도 없었기 때문이다. 그렇지만 친첸도르프는 피부색에는 관심이 없었고, 안토니가 그의 삶과 영적 갈망에 대해 그에게 말해줄 수 있는 것 그것을 듣고 싶어 했다.

그래서 안토니는 그에게 자기 이야기를 들려주었다. 그는 본래 서아프리카 출신인데, 잔인한 노예상들이 그를 수백명의 다른 남녀흑인들과 함께 붙잡아 카리브해 연안지역으로 데려왔고, 그는 거기서 노예로 팔려 덴마크 식민지 주민들의 사탕수수 농장에서 강제노동을 하게 되었다. 노예들에 대한 처우는 극도로 열악하였다. 그들은 구타와 고문을 당하였다. 그들의 건강과 교육에 신경을 쓰는 사람은 아무도 없었다. 아이들은 부모들과 격리되었고, 아내들은 남편들과 떨어져야 했다. 비록 노예 주인이 자신은 그리스도인이라고 말할지라도, 노예들은 교회에서 배제당했고 복음에 대해 아무것도 알지 못했다.

친첸도르프는 이 이야기에 큰 충격을 받았고, 이것이 헤른후트 형제단 회중에게 서인도제도로 선교사들을 보내라고 하는 부름이 아닌지 깊이 생각하기 시작했다. 다음날 그는 안토니에게 헤른후트에 와서 헤른후트 형제단 회중에게 세인트 토마스 섬의 노예들이 처한 상황과 그들에게 복음이 선포되어야 하는 필요성에 대해 말해달라고 그를 초청하였다. 1731년 7월 29일, 안토니는 헤른후트에 도착하였고 저녁예배에서 카리브해 연안 지역 대농장들의 비인간적 상황과 흑인들의 영적 고통에 대해 말할 기회를 가졌다.

안토니가 말을 마치자 레오나르드 도버와 토비아스 로이폴트 두 청년이 하나님께서 자신들을 노예들 가운데서 선교사로 일하라고 부르신다는 내적 감동을 받았다. 그들은 친첸도르프에게 편지를 보냈고 세인트 토마스 섬에 가겠다고 제안하면서 노예 신분 주민들에게 복음을 전하기 위해 필요하다면 자신들이 노예가 될 의사가 있음을 강조하였다. 백작은 헤른후트 회중에게 그 편지를 읽어주었다. 하지만 그 이름을 밝히지는 않았다. 회중들은 그와 같은 일에 대해 많이 의심하고 주저했다. 그들의 자원이 정말 하나님께서 주신 소명인지 분별하기 위해 기도하며 몇 달간의 시간을 갖기로 결정되었다. 마침내 회중 전체 회의가 열렸고 제비뽑기로 결정이 내려졌다. 로이폴트의 제비는 아니라는 것이었고, 도버는 다음

말들이 쓰여 있는 제비표를 뽑았다. "하나님이 이 청년과 함께 하시니 그를 보내라!" 제비표의 소리는 단호하였고, 이에 따라 회중은 복음을 한 번도 들어본 적이 없는 사람들에게 복음 선포하는 일을 수행하기로 공식 의결하였다. 회중에 의한 이같은 결정은 개신교 역사에서 처음으로 있는 일이었다.

목수인 다비드 니취만이 여행 동료로 도버와 합류하였다. 1732년 8월 21일 새벽 3시에 두 사람은 여행길에 올랐다. 그들은 간단한 복장을 하고 짐이라고는 등에 맨 봇짐이 전부였다. 그들은 헤른후트에서 코펜하겐까지 거의 1000km를 걸어서 갔고 거기 도착했을 때는 돈이 거의 다 떨어진 상태였다. 그들은 한 쌍의 바보들 취급을 받았다. 이에 니취만이 "우리는 노예들 가운데서 노예로 일하고자 한다"고 응수하였다. 그들은 궁정에서 일하는 몇몇 귀족들의 도움으로 세인트 토마스 섬으로 가는 배에 승선할 수 있는 통행 허가를 받았다. 그들은 1732년 12월 13일 거기에 도착하였다.

계획에 따라 니취만은 몇 달간만 그곳에 머물면서 도버가 숙소를 찾고 선교사역을 시작할 수 있게 돕는 역할만 하였다. 헤른후트 형제단의 이 두 사람은 안토니의 누이 안나를 통해 노예들과 처음으로 접촉하였다. 그 후 15개월 동안 도버는 홀로 이 일을 계속하였다. 굶주리고 병에 걸리기도 했지만 그는 몇몇 노예들의 신뢰를 얻을 수 있었다. 그는 그들과 일대일로 이야기하면서 복음에 대한 관심을 불러일으켰고 마침내 몇 사람이 그리스도에 대한 믿음을 고백하기에 이르렀다. 이들 가운데 한 사람인 청년 카르멜 올리는 도버가 1734년 헤른후트로 돌아올 때 함께 왔다. 복음의 "첫 열매들" 가운데 하나인 그는 1735년 8월 22일 독일에서 세례를 받았다. 선교가 성공하는데 한층 더 중요한 사건이 있었는데, 그것은 레베카의 회심이었다. 이전에 노예였던 그녀는 선교사 마티아스 프로인틀리히와 결혼하였다. 그녀는 매우 뛰어난 헤른후트 복음전도자들 가운데 한 사람이 되었고 유럽 이외의 지역에 최초로 헤른후트 형제단 교회를 세우는 일을 도왔다. 얼마 후 그녀는 디아콘으로 임명되었고, 아프리카 선교사로 파견된 최초의 아프리카계 여성이 되었다(5.3 참조).

세인트 토마스 섬에서 선교가 시작된 이후 헤른후트에서 배출되는 선교사들의 수가 급격히 증가하였다. 1733년에는 세 형제들이 그린랜드로 갔고, 1734년에는 또 다른 그룹이 카리브해 연안지역으로 갔고, 몇몇 선교사들은 유럽 최북부인 라플란드와 흑해 연안인 그루지아에 파견되었다. 1735년에는 헤른후트 형제단 선교사들이 처음으로 수리남에 들어갔고, 2년 후에는 헤른후트 형제단 선교사 게오르그 슈미트가 남아프리카에 도착하였다. 10년 후에는 북아메리카, 아프리카, 아시아 그리고 동유럽 등지에서 헤른후트 형제단 선교사들을 볼 수 있게 되었다. 10년 동안의 이 기간에 있었던 헤른후트 형제단의 선교 확장은 그리스도교 역사에서 전무후무한 일이다. 550명이 채 안되는 공동체에서 1742년까지 70명 이상의 헤른후트 형제단 선교사들이 부름에 응답하였다. 친첸도르프가 1760년 서거할 때까지 대략 226명의 남녀가 헤른후트 공동체들에서 여러 선교지로 나갔다. 이것은 당시 전체 구성원의 약 5%에 해당하는 숫자였다. 이들 가운데 일부는 목사 안수를 받았지만, 대부분은 평신도로 직업이나 기술훈련을 받은 사람들이었다. 그런데 선교사들의 희생비율이 상당히 높았다. 여행 자체가 위험하고 불리한 기후조건들이나 극도로 적대적인 사람들을 만나기도 했기 때문이다. 그렇지만 그들은 예수 그리스도의 복음을 지구상의 다른 민족들에게 전하면서 확고한 결의에 가득 차 있었고 자신들의 사역이 헛되지 않다는 확신을 갖고 있었다.

7.2. 친첸도르프의 선교 접근

친첸도르프 백작은 선교학(선교 목적과 방법에 관한 학문)의 위대한 선구자들 가운데 한 사람이다. 그의 이해에 따르면, 그리스도교는 서구문화와 분리되어야 한다. 다른 교회들은 다른 나라 사람들이 그리스도인이 되기 전에 그들에게 유럽의 문명을 가르치려고 했다. 그들은 유럽의 언어로 기도해야 했고 유럽의 생활양식을 배워야 했다. 그러나 친첸도르프는 헤른후트 형제단 선교사들에게 원주민의 문화를 따라 사는 법을 배워야 한다고 가르쳤다. 성령이 오순절에 사도들에게 왔을 때, 다른 민족의 사람들이 모두 자기들의 말로 복음을 들었다. 따라서 헤른후트 형제단 선교사들은 선교지 사람들에게 설교하기에 앞서 그들의 언어를 배워야 한다. 선교사들은 성령께서 인도하시기 때문에 언어가 다르고 문화가 다른 사람들도 그들 나름대로 복음을 이해할 것이라고 믿어야 한다. 개신교 교회에서 이것은 새로운 선교 개념이었고 선교사들에게는 커다란 도전이었다. 그렇지만 헤른후트 형제단 선교사들은 자신들이 복음을 다른 나라 말로 옮길 때 성령이 사도들을 도우신 것처럼 자기들을 도우실 것이라고 믿었다. 비록 그들이 유창하게 말할 수 없다 해도 성령은 듣는 이들의 마음을 감동시키실 것이다. 하나님은 모든 민족들과 모든 교회들의 창조주이시다. 그러므로 어떤 언어든지 하나님 찬양에 사용될 수 있다. 하나님이 모든 사람들을 구속하셨으므로 그리스도 이야기 역시 어떤 언어로든지 선포될 수 있다. 하나님의 구원은 그 본질이 보편적이므로 '각 부족과 언어와 민족과 나라들'(계 5:9)에 속한 한 사람 한 사람 모두 그리스도의 몸을 이루는 한 부분으로 부름 받는다.

헤른후트 형제단의 선교 이해는 선교지에서의 실제 경험과 필요에서 비롯되었지만 또한 친첸도르프의 신학에서도 크게 영향을 받았다. 그의 신학에는 다음과 같은 내용들이 들어있다.

* 선교 사역의 중심 목표는 친첸도르프의 말을 따르면 "영혼들을 어린 양에게 이끄는 것"이다. 그리스도의 설교단은 전세계만큼 넓어서 헤른후트 형제단 선교사들은 세상 끝까지 가서 복음을 전하되 특히 주목받지 못하는 오지의 사람들과 민족들에게 전해야 한다고 친첸도르프는 확신하였다.

* 친첸도르프는 선교사가 전하는 증거의 능력은 개인의 신앙에서 나온다고 강조하였다. 헤른후트 형제단 선교사들이 좋은 소식 곧 복음을 전해야 하는 까닭은 그들 자신이 그리스도의 죽음을 통해 하나님의 은총을 경험했기 때문이다. 선교의 동기는 하나님의 영광 보다는 하나님의 사랑에 있다. 이것은 영광 돌리기보다는 연민의 정이, 강함보다는 약함이, 지배보다는 섬김이 헤른후트 형제단 선교의 출발점이었음을 뜻한다.

* 친첸도르프에게는 선교가 오고 있는 그리스도의 나라를 준비하는데 중요한 역할을 한다. 따라서 선교사들의 과제는 복음의 씨를 뿌려 구원의 메시지를 듣고자 마음을 여는 사람들은 누구나 그 메시지를 접할 수 있게 하는 것이다. 그러므로 첫 번째 목표는 대중을 회심시키는 것이 아니라 성령이 선교지 사람들의 "첫 열매들"로 부른 사람들 가운데서 그 열매가 맺히도록 시작하는 것이다 (계14:4 참조).

* 친첸도르프는 선교의 성공은 하나님의 일이라고 믿었다. 그 이유는 영혼들을 구하는 것은 그리스도이지 선교사들이 아니었기 때문이다. 이에 그는 형제단 선교사들에게 모든 선교 노력이 즉각적으로 성공의 축복을 받는 것은 아니라고 주의를 주었다. 때로는 불과 몇몇 사람들만 응답할 수도 있으므로 선교사들은 인내해야 한다. 또는 아무도 응답하지 않는 경우조차 있을 수 있다. 이 경우 선교사들은 하나님께서 다른 계획을 갖고 계신 것은 아닌지를 고려해야 한다.

* 친첸도르프는 또한 선교사들에게 강압이나 식민주의 같은 것은 어떤 형태의 것이든 일체 피하라고 권고하였다. 참된 회심에는 마음에서 우러나오는 개인적인 응답이 있어야 한다. 이를 위한 가장 효율적인 최선의 방식은 선교사 자신의 행위와 모범이다. 선교사들은 토착민들이 "그런 사람들을 만드는 자가 누구죠?"라고 물어보아야 할 정도로 온화하게 살아야 한다. 그때가 바로 그들의 신앙에 대해 증거 할 적절한 순간이었다.

* 마지막으로, 친첸도르프는 헤른후트 형제단 선교사들에게 추상적인 교리에 관해 설교하기보다는 성육신하시고 십자가에 달려 죽으신 그리스도에 관한 메시지에 집중해야한다고 가르쳤다. 친첸도르프는 대부분의 민족들이 하나님의 존재는 어느 정도 알고 있지만 그리스도는 알지 못한다고 주장했다. 따라서 선교사는 예수께서 어떻게 태어났는지, 사람들을 어떻게 고쳐 주었

는지, 어떻게 피를 흘려 죄를 용서했는지에 관해 전해야 한다. 그리스도의 희생에서 보여주신 무한한 사랑으로 이방인들의 마음을 움직일 수 있는 능력을 갖는 것이 중요할 것이다.

선교사들을 위한 지침은 선교사와 원주민은 모두 스스로 자급해야 한다는 생각을 지지한다. 특히 선교초기에 헤른후트 형제단 선교사들은 자기 손으로 일한 것 이외의 다른 수입이 없는 장인들이었다. 하지만 이것은 현지 사람들과의 관계 형성에 도움을 주었다.

한 가지 중요한 혁신은 현지 언어로 예배 인도와 목회적 돌봄 및 설교를 돕는 토착민 지도자들과 "원주민 조력자들" 그룹을 형성한 것이었다. 찬송, 예배 형식, 소그룹 형식의 교회조직 같은 헤른후트 형제단의 몇몇 관례들이 선교지에 전해지기도 했다. 그러나 친첸도르프는 토착민들의 문화적 특성을 존중하는데 주의를 기울였고 이에 따라 선교사들에게 "헤른후트의 잣대"로 다른 사람들을 판단하지 말 것을 권고했다. 헤른후트 형제단 선교사들이 그리스도의 사랑을 말로만 설교하는 게 아니라 현지인들을 위한 행동과 섬김으로 사랑을 보여주는 것이 매우 중요했다. 그들은 학교를 설립하고 의료적인 도움을 제공했다. 또한 노동환경 및 생활 조건을 개선하려고 노력했다. 그들은 그들의 양떼의 이익을 위해 지원했다. 그들은 목회적 돌봄을 몸의 돌봄과 사회 조건에 대한 관심과 결합시키기 위해 노력했다. 그들이 보기에 토착민들은 그 누구 못지않게 소중하고 가치 있는 자들이기에 그들은 토착민들을 형제자매로 대하고자 했다. 이 같은 많은 노력으로 헤른후트 형제단 선교는 번창했다. 특히 중요한 것은 헤른후트 형제단에게는 선교가 공동체 전체의 관심이자 실천이었다는 점이다. 선교지에서 일하는 사람들은 본국의 회중들로부터 기도로 영적 도움을 받았고 물질적 후원으로 실질적 지원을 받았다. 선교사들은 공동체 전체에 의해 파송되었고 서신과 보고서를 통해 긴밀한 관계를 유지하였다. 결과적으로, 선교는 아주 짧은 시간 동안에 헤른후트 형제단 정체성의 필수 구성 요소가 되었다. 친첸도르프는 모든 믿는 자들은 자신이 사는 곳에서 선교사가 되도록 부름받는다고 주장했다.

7.3. "첫 열매"

친첸도르프 백작은 선교사들에게 "첫 열매"를 구하라고 가르쳤다. 이 첫 열매는 성령께서 그들의 민족 가운데서 신앙의 선구자가 되도록 준비하신 개인들이었다. 어떤 "첫 열매"가 발견되면 복음의 문이 열리고 선교 사역이 지속될 수 있었다. 친첸도르프는 말했다 "우리는 여러 나라에서 '첫 열매'를 찾고 있습니다. 두 번째, 세 번째 네 번째 열매를 얻었을 때, 우리는 주께서 그들을 통해 무엇을 할 것인지 그것을 주님께 의탁할 것입니다."

그리스도 왕국이 도래하기를 기대하면서 친첸도르프와 헤른후트 공동체는 가능한 한 더 많은 다른 종족들에게 복음을 전하는 것이 중요하다고 생각했다.

헤른후트 형제단이 "첫 열매"에 대해 말하는 방식에는 성서의 생각들이 반영되어 있다. 히브리적 사유에 따르면, 추수할 때 나오는 첫 열매는 하나님께 속한 제물이다(출 23:19 참조). 예언자 예레미야는 이스라엘 백성들을 하나님이 민족들 가운데서 거둔 "첫 열매"라고 불렀다(렘2:3). 신약성서에서는 기독교 신앙으로 개종한 첫 사람들은 하나님이 영적으로 추수한 "첫 열매"라고 불렀다(롬16,5, 약1:18 참조). 끝으로, 요한계시록은 시온산 위의 어린 양 주위에 모인 144,000 명의 무리에 대해 "그들은 하나님과 어린 양을 위한 첫 열매로 인류 가운데에서 구속되었다"라고 말한다(계시록14:4). 계시록의 다른 구절에서는 "각기 언어가 다른 모든 족속과 민족에서 온" 큰 무리가 "보좌와 어린 양 앞에 서서 종려나무 가지를 손에 들고 흰 예복을 입고" 함께 하나님을 영원히 찬양할 것이라고 한다(계 7:9–11). 친첸도르프 백작의 "첫 열매"에 대한 비전은 1747년 헤른후트의 화가 존 발렌틴 하이트가 그린 유명한 "첫 열매"라는 그림에 생생하게 묘사되어 있다. 아래 그림은 현재 네델란드 차이스트의 헤른후트 형제단 교회에 보관되어 있다.

차이스트 헤른후트 형제단 박물관 소장
이 그림은 천국에서 그리스도를 경배하는 노예가 된 아프리카인과 아메리카 원주민을 포함하여 다양한 문화
권 출신의 사람들 20여 명을 묘
사하고 있다. 한 사람은 남아공
에서 왔고 다른 사람은 그린란
드에서 온 사람이다. 그림에는
약 14개의 다양한 선교지가 등
장하고 있다. 그 작품에 등장하
는 인물들은 믿음 안에서 죽은
회심자들이다. 각 사람은 그들의 민족 의상을 입고 일부는 손에 종려나무 가지를
들고 있다. 그들은 피부색과 언어와 관습이 서로 다르고 다양하지만 십자가에 못
박히시고 부활하신 주님을 경배하는 일에는 하나가 되어있다. 이런 식으로, 그 작
품은 헤른후트 형제단 선교가 전지구적이며 포용적임을 보여준다.

7.4. 선교 사역의 진전

헤른후트 형제단이 작은 규모임을 감안하면, 헤른후트 형제단 선교의 범위는
놀라울 정도로 대단히 넓다. 1760년 친첸도르프의 사후, 헤른후트 형제단 지도
자인 아우구스트 고트립 슈팡엔베르크는 선교의 중요성을 강조하고 새로운 선교
사역을 장려했다. 1765년에 형제단원들은 러시아로 이동하여 칼목족에게 선교하
고, 서인도 제도의 바베이도스에서 새로운 선교가 시작되었다. 1771년에 래브라
도에 선교 기지가 세워졌고, 1792년에 세 명의 선교사팀이 남아프리카로 파송되
었다. 다비드 차이스버거와 존 헥크벨더는 북미의 원주민들 가운데서 일한 중요
한 선교사였다.

슈팡엔베르크의 지도하에 헤른후트 형제단은 회중 공동체, 학교 및 기업을 건
설하는 데 관심을 기울였다. 그들은 선교 단체를 설립하고 헤른후트 형제단 선
교의 역사와 경험에 대해 보고하는 책과 잡지를 출판했다. 그들의 사례는 침례교

지도자인 윌리엄 캐리를 포함하여 18세기 말 영국 복음주의자들의 선교적 각성에 크게 기여했다. 윌리엄 캐리는 때때로 현대 개신교 선교의 아버지라고 불린다. 침례교 해외선교 단체의 창설을 논하는 목회자 모임에서 윌리암 캐리는 헤른후트 형제단 선교 보고서를 모아 회중 앞 탁자 위에 올려놓고 "이 헤른후트 형제단 사람들이 한 사역들을 보시오"라고 소리쳤다.

"복음의 능력"- 북미의 인디언들에게 설교하는 데이빗 차이스베르크 크리스티안 쉬슬러 그림

카리브해 연안 지역의 상황에서 헤른후트 형제단 선교가 다루어야 했던 한 가지 어려운 문제는 노예 제도였다. 형제단은 아프리카 출신 노예들에게 다가가서 그들이 사람으로서 하나님의 자녀임을 선언하도록 부름받았다고 생각했다. 그들은 노예에 대한 비인간적인 처우, 특히 잔인한 체벌과 가족을 헤어지게 하는 것과 같은 행습들에 큰 충격을 받았다. 그럼에도 불구하고 형제단 선교 지도자들은 노예 제도를 공개적으로 반대하는 것을 꺼려했다.

그것은 부분적으로는 성서에 종종 노예가 언급되듯이 노예제도는 성서적 세계관의 일부라고 믿었기 때문이다. 또 다른 이유는 노예제를 공개적으로 거부하면 헤른후트 형제단 선교사들이 노예 소유주의 농장에서 복음을 전할 기회의 문이 닫혔을 것이기 때문이다. 또한 일부 형제단 선교사들이 세인트 토마스 및 다른 카리브해 제도와 같은 선교 기지들을 지원하기 위해 노예를 사고 소유하는 경우도 있었기 때문이다. 이것은 노예경제 체제에서 부분적으로는 경제적으로 어쩔 수 없는 일이기도 했지만, 헤른후트 형제단은 노예들도 여전히 인간적 대우를 받을 수 있고 교회의 교제에 참여시킬 수 있기를 희망했다.

19세기 전반에 이르서야 그리스도교의 사랑과 형제 친교 메시지는 노예제도와 결코 양립할 수 없다는 것이 인정되었다. 카리브해 연안 지역의 원주민 헤른후트 형제단 공동체에 노예제 폐지는 대단히 중요한 사건이었다.(영국 식민지들에서는 1834년 8월 1일, 덴마크 식민지에서는 1848년 7월 3일, 수리남에서는 1863년 7월 1일 노예제가 폐지되었다.) 이 사건은 교회가 크게 기뻐하며 축하하고 교회 기념일로 계속 기억하고 있다.

19세기부터 현재에 이르기까지 새로운 선교 지역으로 뻗어나가려는 많은 노력들이 이어졌다. 특히 중요한 것은 1891년 탄자니아에서 선교사역이 시작된 것이었다. 그곳에서 헤른후트 형제단은 동아프리카와 중앙아프리카(부룬디, 콩고, 르완다, 시에라리온) 전역에 전파되었고 커다란 성장을 기록했다.

280년이 넘는 기간 동안 비기독교인들에 대한 헤른후트 형제단 선교의 진행 상황은 다음과 같은 연혁을 통해 살펴볼 수 있다 :

1732   세인트 토마스
1733   그린란드 (1900 덴마크 루터교회로 이직)
1734   라플란드(1735 선교사 철수)
1735   조지야 사바나 (1740 선교사 철수)
1736   아프리카 기니 코스트 (1741 선교사 철수)
1737   남아프리카 공화국 (1743 선교사 철수)
1738   실롱 스리랑카 (1741 선교사 철수)
1738   네덜란드 기아나, 현재 수리남
1739   알제리, 아프리카 (1740 선교사 철수)
1740   세인트 크로이, 버진 아일랜드,
1741   펜실베니아와 뉴욕의 원주민 아메리카 인디언
1747   페르시아(1748 선교사 철수)
1752   이집트와 아비시니아 (1755 선교사 철수)
1754   세인트 존스, 버진 아일랜드 1754 자메이카

1755	북부 캐롤라이나
1756	안티구아, 서인도제도,
1759	덴마크 동인도(1795 선교사 철수)
1765	바베이도스, 서인도 제도
1765	칼무크 타르타르 (러시아) (사렙타)
1771	라브라도
1777	세인트 키츠, 서인도 제도
1790	토바고
1792	남아프리카공화국, 서부 지방
1800	체로키 선교부, 스프링플레이스, 조지아(1831 미국 정부에 의해 철수). 체로키 선교 (1837 오클라호마로 이주, 1890 철수)
1827	남아메리카 서인도 토바고,
1828	남아프리카 동부지방
1849	니카라과 (모스키토 해안)
1856	히말라야 (인도북부 티베트)
1867	팔레스타인 (한센인 병원)
1878	가이아나 1885 알래스카
1890	북 퀸즐랜드 호주 (1922 철수)
1890	모론고 보호지역 캘리포니아
1890	트리니다드
1891	탕가니카(탄자니아의 남부 고원지대)
1897	운얌베시, 서부 탄자니아
1907	도미니카 공화국 (1957 이후 미국 연합 개신교 교회와 합병됨)
1930	온두라스 (모스키토 해안)
1968	루크와, 남 탕간이카(탄자니아)
1975	음베야, 탄자니아
1989	잠비아

1990년대 중국 (2002 선교사들 사임)
1990   키고마, 탄자니아
1990   동부 탄자니아 및 잔지바르
2001   말라위, 남서부 탄자니아,
2005   북부 탄자니아
2007   페루 및 콩고 민주 공화국
2010   시에라리온
2013   쿠바 공식적으로 선교지 조직

7.5. 헤른후트 형제단 선교의 현재

1957년 세계 헤른후트 형제단 교회의 총회는 이전의 선교지역들에게 정규적인 자치구가 될 기회를 제공하였다. 바로 그 총회가 우리들이 말하는 세계 헤른후트 형제단의 출발점이다. 오늘날, 헤른후트 형제단은 모두 동등한 지위와 상당한 정도의 자치권을 누리는 24개 지역으로 구성되어 있다. 이러한 상황은 새로운 선교, 디아코니아(섬김) 및 교회 성장의 물결을 일으켰다. 유럽과 북미 선교위원회와 단체들은 학교와 병원 지원, 타 지역의 목회활동을 위한 인적, 재정적 자원 제공, 정보의 소통 촉진과 같은 여러 분야에서 큰 역할을 수행하고 있다. 그러나 가장 최근에 선교를 주도하는 지역은 남반구 지역들이다. 오늘날 복음을 증거하는 일은 매우 다양한 상황에서 일어나고 있다. 라틴 아메리카 신학자인 사무엘 에스코바의 말에 따르면, "모든 지역의 사람들이 모든 곳의 사람들에게 다가가고 있다!"

선교 중심이 북반구에서 남반구로, 다시 말해, 유럽과 북아메리카에서 아프리카와 카리브해 연안지역으로 이동하고 있다는 가장 명백한 증거는 아프리카의 헤른후트 형제단 교회와, 그보다는 규모가 조금 작지만, 카리브해 연안지역의 교회가 엄청나게 성장했는데, 여기에는 유럽과 북미 출신의 선교사들이 전혀 개입하지 않았거나 아주 미미한 정도로만 참여했다는 사실이다. 1731년에는 헤른후트 형제단의 모든 구성원은 다 유럽에 거주했다. 그런데 1900년에는 약 134,000명의 회원이 있었는데, 그 가운데 불과 28%만 유럽과 북아메리카에 거주하였고, 72%는 아프리카와 카리브해 연안지역에 거주했다. 1977년이 되면 회원수는 427,000명으로 증가하고, 그 가운데 79%가 유럽과 북미 이외 지역에 거주했다. 2019년 현재 세계 헤른후트 형제단 회원 수는 100만 명 이상으로 증가했다. 유럽과 북아메리카의 회원은 (이 지역들의 다른 교단들도 비슷하게) 점차 줄고 있지만, 아프리카와 카리브해 연안 지역의 헤른후트 형제단 지역들과 선교 지역은 거의 3배가 되었다.

헤른후트 형제단의 현재 구조와 조직이 "선교 지역들"이란 범주를 포함하고 있다는 것을 지적해둘 필요가 있다. 이 지역들은 우리의 교회규정에서 "교회가 이미 세워져 일을 하고 있지만 복음이 미치지 않은 사람들과 공동체들이 있는 나라" 안에서 헤른후트 형제단 교회가 선교사업을 하고 있는 지역들이나 또는 "교회가 이전에 어떠한 일도 하지 않았던 나라 안"의 지역들로 규정된다(COUF 800조). 교회규정은 또한 선교지역의 인정과 권한 그리고 조직을 위한 절차를 명시해놓고 있다. 2019년 현재 17개 선교지역(아프리카 9개와 카리브해 연안, 남아메리카와 아시아 8개)과 앞으로 세워질 가능성이 있는 아프리카의 2개 지역이 있다. 쿠바에 헤른후트 형제단이 출현한 것은 새로운 움직임이라 할 수 있는데, 이는 1998년 외국 선교사가 없이 시작되었고 지금은 북미 남부 지역이 감독을 하고 있다. 남부지역은 이외에도 시에라 레오네에서 새로운 사업을 지도하고 있다(2010년에 공식인정되었다). 이는 헤른후트 형제단이 서아프리카에서 시도하는 첫 번째 현대 선교이다.

전세계적으로 그리스도의 선교에 참여하는 것이 우리의 소망이지만 그것은 헤른후트 형제단 연합에게는 다분히 도전적이다. 어려운 여행 조건과 재정과 인적 자원의 결핍 그리고 문화적 차이에서 비롯되는 분명한 장애물 같은 도전들 외에도 우리는 헤른후트 형제단으로서의 독특한 교단의 정체성을 이해해야 하는 도전에 직면한다. "무엇이 우리의 선교를 헤른후트 형제단적(的)인 선교로 만드는가?" 또는 "무엇이 새로 세워지는 교회를 헤른후트 형제단적(的)인 교회로 만드는가?"와 같은 물음은 종종 대답하기 어려울 수 있다. 복음의 메시지 선포는 헤른후트 형제단 세계 전역에서 서로 다른 많은 형태들로 이루어진, 메시지 자체는 변하지 않지만 강조점과 접근방식은 다양하다. 당연한 일이지만, 헤른후트 형제단이 세계 전역에서 행하는 선교와 섬김의 기본적인 관심은 헤른후트 형제단으로서의 우리 정체성에 집중하기 보다는 그리스도를 선포하고 그리스도를 섬기는 것이어야 한다. 하지만, 거대한 교회 구조의 한 부분이 되려면 우리가 어디로부터 왔고 어떻게 연결되는가에 대한 우리 원칙들을 이해하고 존중하는 것이 필요하다. 따라서 우리 헤른후트 형제단의 정체성 이해를 공유하는 것이 중요하다. 우리 헤른후트 형제단 전통에는 그리스도교의 신앙을 살아내는 것에 대한 유용하고 가치있는 많은 통찰들이 있으므로 우리의 신앙과 가치와 역사를 가르치는 것은 선교를 하는 일의 중요한 부분이 될 것이다. 헤른후트 형제단 교회에 오는 사람들은 형제단의 구성원이 된다는 것의 의미를 진지하게 알고자 한다는 것이 일반적인 경험이다. 얼마나 큰 가르침의 기회인가! 이 커리큘럼이 이러한 과제 수행에 유용한 자료가 되기를 빈다.

세계의 여러 지역에서 헤른후트 형제단 선교가 부딪히는 또 하나의 도전은 성령운동파와 카리스마 운동의 존재와 영향이다. 때때로 이러한 그룹의 대표들은 그들의 신앙과 영적 활동이 다른 교회들의 것들보다 더 낫다고 하며, 성령세례나 방언 같은 그들의 특정한 경험이 진정한 신자가 되는데 필수적이라고 주장한다. 이러한 도전에 대해 2009년 헤른후트 형제단 총회는 다음과 같은 답을 제시했다. 우리는 "교회안에 성령의 은사가 현존한다"는 것을 인정하지만, "각개 신자가 그리스도인이 되기 위해 예컨대 방언 같은 특정한 영적 은사나 성령의 현현을 반드시 체험하거나 보여주어야 한다"고 믿지 않는다(COUF 846조).

유럽과 북미의 헤른후트 형제단 선교회들은 선교지의 사람들과 파트너 관계이다. 북미에서 북부와 남부 지역은 공동 선교위원회인 세계선교미국위원회를 운영한다. 위원회의 목표는 "하나님의 사람들을 돕고 파송함으로써 다른 사람들이 그리스도를 알고 따르도록 세상 속에서 하나님이 하시는 일"을 지원하는 것이다. 우리는 함께 개인들과 교회들 그리고 세계의 파트너들과 보조를 맞춰 사람들에게 선교훈련을 시켜 그들이 세상에서 하나님의 은혜와 평화와 정의의 도구가 될 기회를 제공하고자 한다"(www.MoravianMission.org). 유럽에는 여러 나라들에 선교회들이 있다. 예컨대, 독일 헤른후트 선교회(www.herrnhuter-mission-shilfe.de), 네덜란드 차이스트 선교회(www.zzg.nl), 스위스, 스웨덴, 영국의 선교회들, 덴마크 헤른후트 선교회(www.bdm-dk.dk) 등이 있다. 최근에 세계 여러 지역의 헤른후트 형제단이 모인 세계선교회의가 몇 차례 있었다. 최초의 회의는 1994년 플로리다 마이애미에서 있었고, 그 다음은 2001년 독일 헤른후트에서, 그 다음은 2017년 남아프리카에서 열렸다. 그 외에 2009년 헤른후트 형제단 총회는 "형제단 선교와 개발위원회"을 발족시켰는데, 위원회는 형제단 위원회 관리자와 12명의 위원들로 구성되어 있다. 위원회는 최소한 2년에 한번 만나 새로운 선교사업을 구상하거나 점검하고, 기존의 선교사업에 기금을 지원하고, 선교 프로젝트와 시도들의 우선순위를 결정하고 조직하며, 협력관계와 기타 선교 관련 문제들을 감독한다.

7.6. 21세기 헤른후트 형제단 선교 원칙들

2001년 헤른후트 형제단 선교회의 참여자들은 우리가 헤른후트 형제단으로서 함께 어떻게 선교할 것인가에 관한 지침과 원칙들을 제안하였다. 아래 수록된 원칙들은 2002년에 헤른후트 형제단 총회에서 인준되었고 2009년에 또다시 추인되었다(COUF 871조).

모든 이들의 존엄과 가치 인정

헤른후트 형제단의 관계와 선교와 개발은 어떤 인종-언어 그룹이나 교회나 지역 출신이든 사람은 누구나 하나님에게 무한한 가치와 의미가 있음을 인정하는 것으로 시작한다. 모든 인간은 하나님의 거룩한 형상을 지니고 있다. 하나님은 온 세상을 사랑하시고 모든 사람들이 구원받고 진리를 아는 데 이르기를 바라시는 그의 뜻을 예수 그리스도의 죽음과 부활을 통하여 확증하신 바로 그분이다.

상호성

헤른후트 형제단 안에서 형제와 자매인 우리에게는 한 하나님, 한 신앙, 한 세례가 있고 만유의 하나님 아버지 한 분이 있다(엡4:4-6). 따라서 우리들 각자의 삶과 미래는 우리가 그리스도 구원의 목표와 의미를 알아낼 때 서로 연결된다. 우리는 같은 길을 함께 간다. 우리의 나눔은 상호간에 이루어지고 하나님께서 그리스도의 몸을 풍성하게 하기위해 우리에게 주신 은사의 다양성을 표현한다. 선교와 개발은 하나님이 인간의 장벽을 허물고 세상을 그리스도안에서 자신과 화해시킴으로써 영광받으시려고 하나님의 구원 목적이 우리를 강권하여 서로에게 다가가게 하는 것이다.

투명성

헤른후트 형제단의 관계들과 선교와 개발은 투명성과 개방성 그리고 정직을 요구한다. 복음은 믿는 모든 사람들에게 온전하고 정직한 삶을 살아야 하는 의무를 부과한다. 예수의 목회가 저 한 구석에서 일어난 것이 아닌 것처럼(행26:26), 우리의 섬김도 공공의 감시에 열려있어야 한다. 교회생활의 모든 차원에서 목회 관련 정보를 자유롭게 자주 주고받는 것은 신뢰와 확신을 낳고 우리 서로간의 일의 효율성을 강화하고 우리가 교회를 세우는 방식으로 서로 지지하고 격려하고 권고하도록 기도할 수 있게 한다.

청지기직

하나님은 어디서나 그의 사람들에게 다양한 종류의 자원을 제공한다. 각 그리스도인들은 회중들이나 지역들과 마찬가지로 하나님께서 그들의 재량에 맡기신 자원에 대해 하나님께 책임을 진다. 모든 인적, 물질적, 재정적, 환경적 자원들은 하나님의 영광을 위해 또 교회가 전적이고 효과적으로 섬길 수 있게 하는 방식으로 계발되고 관리되어야 한다.

상호성

그리스도 몸의 지체로서 우리는 서로에게 속해 있다. 기능과 재능이 서로 다르지만, 몸의 각 부분은 모두 몸의 다른 모든 부분들이 필요하다. 더 나아가 몸의 각 부분은 모두 몸의 다른 모든 부분들과 동등하다(고전12). 헤른후트 형제단에서 관계들의 상호성은 필요를 겸손하게 인정할 때 그에 대한 응답으로 그리스도의 몸의 은사들이 막힘없이 나누어지는 것을 촉진한다.

상황성

선교와 개발에서뿐만 아니라 형제단 안에서도 복음은 상황과 연관되어야 한다. 형제단 교회의 신학, 행정, 구조, 목회, 예배, 형태 그리고 실천은 모두 복음을 충실하게 또 성서적으로 토착 문화와 상황에 적합하게 접목시킨 것이어야 한다. 그리스도안에 있는 진실한 한 형제단을 통해 전 세계의 형제단 교회는 아주 다양한 표현과 형태들을 증언할 것이다. 형제단의 관계들과 선교 그리고 개발은 그러한 다양성을 허용할 뿐만 아니라 또한 격려해야 한다. 성령이 평화의 띠로 이룬 일치를 유지하라고 하는 성서의 권고를 회상시킴으로써 그리해야 한다(엡4:3).

목회 은사

하나님은 교회가 그리스도의 충만함을 온전히 이루는 경지에 이르게 하시려고 그리스도의 몸을 세우는데 필요한 목회 은사들을 교회에 주셨다(엡4:13). 형제단의 관계들과 선교와 개발은 그것들이 얼마나 효율적으로 이렇게 권한을 위임받은 일에 기여하는지 또 목회사역을 하도록 교회를 준비시키는지에 따라 적절하게 평가될 것이다.

경계

온정주의를 피하려면 계속적인 평가와 사정으로 표현되는 지속적인 경계가 필수적이다. 형제단의 관계들과 선교와 개발이 온정주의적 구조, 정책, 방법 혹은 실천을 제도화하거나 유지하려는 유혹으로부터 결코 완전히 자유롭지는 못할 것이다. 각 지역들은 회중들과 다른 지역들과 관계를 갖고 그러한 경계를 훈련해야 한다.

의사 결정

개인이든 위원회든 가부장적 결정을 내릴 가능성으로부터 자유롭지는 못하다. 그러나 여러 목소리들을 초대하고 환영하고 긍정하는 진정한 의미의 의사 결정 과정은 도움이 된다. 헤른후트 형제단 내에서 또 선교와 개발 조직들 안에서, 거버넌스와 의사 결정 과정은 많은 사람들의 참여를 환영해야 한다.

기도와 중보

기도와 중보는 헤른후트 형제단의 관계들과 선교와 개발의 지침 원리로서 특별히 언급해둘 필요가 있다. 지속적이며 활력있는 기도로 우리의 관계들과 증언은 하나님의 지혜와 능력을 얻는다

세계선교 미국 위원회는 이러한 아이디어들 가운데 일부를 "좋은 실천들"이라는 범주로 묶어서 자세히 설명하였다. 그것들은 선교사업의 온전성을 뒷받침할 핵심가치들로서 파트너쉽, 성령과 신앙, 상호성, 네트웍과 감독, 지속가능성 등이다. 각각에 대해 이러한 핵심 가치들이 어떻게 실천으로 옮겨지는지를 보여주는 여러 사항들이 있다. 여기 있는 것들은 현대의 전지구적 맥락에서 헤른후트 공동체의 선교 수행을 위해 한 예로 제시되었다.

1. 파트너 관계
    * 우리는 파트너 관계를 사람과 사람 또는 여러 사람들 사이의 계약관계로 본다. 그들은 하나님을 사랑하고 섬기려는 개인의 열망을 따라 사는 것을 존중, 학습, 의사결정 및 공유 형태의 공동 노력을 통해 적극적으로 수용하고 또 추구한다.
    * 우리는 성령의 일치로 결합될 때 개인의 관점, 개성, 은사 및 재능이 파트너 관계를 강화시키는 방향으로 작동한다고 믿는다.
    * 우리는 진정한 파트너 관계란 그 안에 후원자나 수혜자는 없고 힘과 필요가 동등한 사람들이 있어 그 관계의 균등한 성장을 촉진시키는 것이라고 확신한다.

2. 성령 / 믿음 – 그리스도 중심과 타인에 대한 개방성
    우리가 권장하는 바 선교를 위한 노력들은
    * 믿음과 그리스도를 섬기고자 하는 소망에 근거하며, 이것들이 선교의 중심 이유이다.
    * 기도로 시작되고 지속되며 성숙에 이른다.
    * 그 노력이 단지 한 부분으로서 그리스도의 더 큰 사역과 연결되는 것으로 이해한다.
    * 성공을 목적으로 한 개인이나 유명인에게 의존하지 않는다.
    * 다음과 같은 사람들을 통합시킨다. 그들은
        – 열려있어서 경험을 통해 변화될 수 있고 그 경험으로부터 배울 수 있다
        – 다른 사람들의 의견, 관점, 건설적인 비판 및 일하는 방식에 열려있다.
        – 하나님 보시기에 모든 사람들은 평등하고 하나님께서 모든 사람들에게 재능을 주시고 우리는 온전해지기 위해 서로가 필요하다고 믿는다.
        – 그들의 접근과 태도를 기꺼이 투명하게 한다.
        – 계획을 바꿀만하거나 예기치 못한 차질들이 생겼을 때 그와 관련하여 유연하다.

3. 상호성 – 존중하며 대화하는 가운데 테이블에 올려진 모든 소리들을 긍정

우리가 권장하는 바 선교를 위한 노력들은
* 모든 당사자들이 주고받는 파트너 관계 속에 이루어진다.
* 다른 사람들의 강점과 필요가 우리에게 전달될 때 우리가 그것들을 잘 듣는 것으로 시작된다.
* 지역 문화와 일치하고 또 가능하다면 지역의 자원을 사용하는 목표와 전략을 함께 개발한다.
* 우리 문화에서 좋은 접근이라고 그것이 다른 문화에서도 항상 좋은 접근법인 것은 아니라는 이해와 우리의 파트너들이 무엇이 효과적이고 문화적으로 적절한 접근법인지 파악하는 데 도움을 주는 귀중한 자원이라는 이해를 가지고 일한다.
* 재정적 지원의 긍정적 측면과 부정적 측면을 공개적으로 밝힌다.
* 파트너 교회와 치리 기관, 양자의 축복으로 시작된다.

4. 네트웍과 감독 – 실질적 책임 제공

우리가 권장하는 바 선교를 위한 노력들은
* 모든 자원들이 하나님의 자녀들의 유익을 위해 하나님으로부터 비롯되었고 하나님의 모든 자녀들에게 신실하게 관리하도록 위임된다는 사실을 인식한다.
* 운영 의지를 독립적인 위원회 또는 후원 조직들의 감독 아래 구체화한다.
* 의사 결정과 책임을 모든 파트너들간에 공유한다.
* 모든 파트너들 사이의 원만한 소통과 투명한 보고를 유지하는 것에 높은 우선순위를 둔다.
* 모든 파트너들 사이에 이루어지는 자금의 취급, 회계, 수령 및 지출과 관련하여 사용된 방법에 세심한 주의를 기울인다.
* 시스템을 잘 갖추고 한 사람 또는 일부 선택된 사람들의 참여에만 전적으로 의존하지 않는다.

* 지도부의 변화를 예상하고 준비한다.
* 다른 노력들이 어떻게 목회의 일부가 될 수 있는지에 관해 명확하게 설명한다.
* 사람들이 실수하고 배울 수 있는 오류의 여지를 허용한다.
* 참여자들 자신이 사역을 종결할 수 있는 가능성을 허용한다.

5. 지속가능성 · 자생력과 장기적 실행능력 촉진

우리가 권장하는 바 선교를 위한 노력들은
* 그 노력들의 끝을 예상하고 어떻게 유종의 미를 거둘 수 있는지에 대해 진지하게 숙고한다.
* 모든 파트너들이 자신의 미래를 지탱하도록 준비시키는 노력을 한다.
* 무기한으로 제공되는 외부 자원에 의존하지 않는다.
* 선교를 위한 노력을 시작하고 계속하는데 필요한 자원을 확인하고 그런 자원들이 어디서 올 수 있는지를 찾는다. 하지만 그에 앞서 자신의 은사와 능력에 대해 생각한다.
* 참가자들에게서 비롯된 확실하고 명확한 약속과 헌신에 의지한다.
* 외부 기금에 의존하기 전에 지역 사람들이 그들의 지도자를 지원하도록 격려한다.
* 지역의 문제 해결에 즉각 개입하는 것이 아니라 지역 주민들이 스스로 문제를 해결하도록 초청한다.
* 복음이 외부자원과 함께 오는 혜택에 관한 것이라는 인상을 주지 말아야 한다.
* 그들이 할 수 있는 일을 자신들을 위해 한다고 내세우기보다는 그 일을 스스로 하는 것이 축복임을 주장하도록 격려한다.

7.7. 헤른후트 형제단 사역들: 섬김과 도움행동

헤른후트 형제단으로서 우리는 복음 전체를 온 인류에게 전하도록 우리 주님께 부름받았다. 복음이라는 기쁜 소식 선포는 항상 자비와 사랑의 사역들이 동반되었다. 이 사역들은 그 소식을 세계 현실에 적용하려는 노력이다. 간호와 의료, 가르침과 교육 그리고 어려움에 처한 사람들에게 도움과 사회적 지지를 제공하는 것 등은 모두 우리가 형제단으로서 하나님의 일을 하고자 힘쓰는 사역들에 속한다.

7.7.1. 교육

헤른후트 형제단의 전통 가운데 중요한 것 하나는 기독교 학교 운영이다. 이와 관련하여 형제단은 "근대 교육의 아버지"로 유명한 옛 형제단의 마지막 감독 요한 아모스 코메니우스의 교육 원칙을 따른다고 할 수 있다. 코메니우스에 의하면, 교육은 남녀 모두의 마음속에 믿음과 소망과 사랑을 심어주는 방법이다. 코메니우스는 주제가 어린이들의 자연스러운 호기심을 자극하고 또 그것이 그 나이의 지적 능력에 맞게 제시되면 아이들은 열심히 배우고자 한다는 것을 깨달았다. 그는 가르칠 때 삽화를 사용하고 그림들이 있는 교재를 창안한 최초의 교사였다. 그는 그 책을 Orbis Pictus라고 불렀는데, 이는 '그림 속 세상'으로 옮겨질 수 있다.

코메니우스의 학습 접근법을 보여주는 것은 바로 이 책의 첫 번째 그림이다. 학생은 교사의 안내를 따라 배우고, 교사는 자연영역과 문화영역을 포함하여 세계의 모든 것들에 대한 교육을 제공한다. 참된 이해는 궁극적으로 하나님에게서 비롯된 진리의 빛으로부터 오고, 교사의 가르침을 통해 중개된다.

과거에는 대부분의 헤른후트 형제단 정착지 교회들과 선교 기지들에는 학교가 있었다. 일부는 아직도 운영되고 있다. 카리브해 연안의 일부 지역에서는 헤른후트 형제단의 학교들을 국가가 인수하기도 했다. 오늘날에는 수리남, 동/서인도 제도, 자메이카, 니카라과, 유럽대륙, 영국, 북미주 및 탄자니아를 포함한 많은 지역들과 국가에 헤른후트 형제단 초등학교와 고등학교들이 있다. 헤른후트 형제단 학교의 한 특별한 예는 북인도에 있는 모라비안 라즈푸르 연구소(Moravian Institute of Rajpur)이다.

그것은 1963년 엘리야 트세탄 푼조그가 설립하였다. 그는 당시 인도성서공회의 티베트어 신약성서를 개정하는 중이었다. 이 기간 동안 그는 고향을 탈출하여 히말라야를 넘어온 많은 티베트 난민들을 만났다.

이 티베트 난민들의 요청에 따라 푼조그 목사는 성인들을 위한 문맹퇴치 교실과 어린이들을 위한 종일반 학교를 헤른후트 형제단의 재정지원으로 개설하였다. 예상과 달리 학교입학을 원하는 아동들의 수가 지속적으로 늘어났다. 이와 함께 대다수 티베트 난민들의 빈곤 상태가 계속되자 푼조그 목사는 아이들에게 숙식을 제공하지 않을 수 없었다. 그래서 1965년에 기숙사가 설립되었고 1967년부터 세계 헤른후트 형제단 교회의 재정지원을 받았다. 해를 거듭하면서 이 작은 시작은 500명 이상의 학생들이 있는 중요한 교육 센터로 성장했고, 그 안에는 학교와 호스텔과 직업 훈련 프로그램도 있다. 종교적 배경이 다른 학생들도 받아들여졌다. 학교 선교는 그리스도인의 가치와 존중을 통해 그리스도의 사랑을 전하는 것이다. 이와 비슷하게 네훈에 있는 헤른후트 형제단 학교 시에라 리온(200여 명의 학생이 있는 중등학교, 약 80%가 무슬림)은 사람들에게 기독교를 강요하지 않고 오히려 그들에게 본을 보여 그리스도를 알리는 선교를 채택하였다.

헤른후트 형제단 고등 교육 기관은 므베야의 테오필로 키산지 대학(탄자니아), 니카라과의 CIUM-BIKU 대학, 미국 펜실베니아 주 베들레헴의 모라비아 대학, 노스 캐롤라이나 주 윈스톤 살렘의 살렘 대학 등이 있다. 또한 많은 헤른후트 형제단 지역에는 신학교육을 신학교들, 성경 학교들 그리고 직업학교들이 있다. 우리의 교회 규정에 따르면, 각 형제단 지역의 명시적인 책임들 가운데 하나는 자체 목회자들을 위한 신학 훈련 제공 능력을 갖추는 것이다(COUF 209조).

7.7.2. 의료와 디아코니아 사역

지역의 필요에 따라 헤른후트 형제단들은 여러 형태의 사역과 디아코니아로 그리스도의 사랑을 표현해왔다. 거기에는 일반병원과 전문병원, 푸드 뱅크, 지적 장애인 학교, 노인 요양원, 난민과 노숙자 지원, HIV/에이즈에 감염된 사람들을 위한 도움 및 고아를 위한 보육시설 등이 포함된다. 그 가운데 다섯가지 사례를 들어 전세계의 헤른후트 형제단에서 시행되고 있는 이 사역들의 헌신과 다양성을 보여주고자 한다.

엘림 홈은 지적장애와 신체장애가 있는 어린이와 청소년을 위한 남아프리카 공화국의 특수 돌봄 거주시설이다. 엘림 홈은 "모든 삶은 의미가 있다"고 믿으며 최적의 돌봄을 제공하고 장애인들의 잠재력을 극대화하는데 전념하고 있다. 관련 가족들에게 엘림 홈이 제공하는 도움과 지원은 큰 위안이 된다. 이곳의 소년과 소녀들은 대개 빈곤한 가정의 아이들로 의료 혜택을 거의 받지 못했다. 간호팀이 아이들을 집중 치료하고, 물리치료 또는 각 아동의 독립성을 높이기 위한 직업요법 같은 다른 치료법들이 보충적으로 사용된다. 엘림 홈은 또한 아이들에게 엘림 홈의 정원 일을 돕도록 가르치는 것과 같은 새로운 아이디어와 생각들을 창안했다. 갓 수확한 야채는 식탁에 올리거나 판매하여 작게나마 부가수입을 올린다.

HUKWAFA ("Huduma kwa Watoto na Familia"? 아동과 가족 서비스)는 탄자니아 므완자의 마구 지역 프로젝트로 그 목표는 사회적 지원, 교육, 건강, 식량과 영양, 피난처와 돌봄 등의 분야에서 서비스를 제공함으로써 가장 취약한 어린이들의 삶을 개선하는 것이다. 이 프로젝트는 빈곤이나 어른들의 지원 부족으로 방치나 착취를 경험한 0-19세의 남녀 아동이 대상이다. 이 아이들은 고아들인 경우가 많다. 자원봉사자인 마마스여성들은 지역 사회의 가장 취약한 어린이들과 밀착해서 일하는데, 그들은 아이들이 사는 같은 지역 출신들이다. 이 마마들은 지원 방법을 훈련받고 프로젝트에 참여하는 아이들의 가정을 방문하고, 아이들의 개선상황을 확인, 기록 및 보고한다.

모라비안 오픈 도어는 뉴욕시의 헤른후트 형제단 기관으로 뉴욕시 도시 지역 노숙자들에게 임시 거처인 피난처와 지원 서비스를 제공한다. 이 프로젝트는 1968년 퍼스트 형제단 교회의 커피 팟 드롭 인 피난처에서 시작되었고, 매일 200명 이상의 뉴욕 홈리스들에게 (음식을) 제공하였다. 1987년 "모라비안 하우스"라는 시설이 임시 노숙자 피난처로 문을 열었다. 그 임무는 노숙자 개개인들이 자립할 수 있도록 그들을 돕는 것이고, 최종목표는 각 개인이 적정한 가격의 집으로 이사하고 완전히 독립적인 생활을 하는 것이다.

모라비안 하우스는 안전하고 깨끗하며 마약과 알코올이 없는 생활환경과 아울러 기술, 취업지원, 의료 혜택 지원 및 헤른후트 형제단 목회자의 상담을 제공한다.

빌바스케마 병원은 니카라과와 온두라스 사이의 국경인 리오 코코 강가에 위치한 니카라과의 헤른후트 형제단 병원이다. 이 병원은 1930년대 모라비안 선교 의사 데이비드 탤러가 설립하였고, 거기에는 니카라과 최초의 간호학교도 있었다. 안타깝게도 병원은 (미국의 지원을 반군과 정부 사이에 있었던) '콘트라 전쟁'의 십자포화에 휩싸였고 결국 80년대 초에 파괴되었다. 10년 후 빌바스카르마 주민들이 병원을 재건하였다. 12개의 병실을 갖춘 작은 시설로 현지 니카라과 전문가들이 전담하였다. 몇 년 후에는 주변 마을에서 교육, 리더십 조직 및 의료 서비스를 통해 건강을 증진시키기 위한 봉사 활동 프로그램이 마련되었다. 매월 클리닉 팀이 10개 마을을 방문하여 마을 주민들이 가장 중요한 의료적 필요라고 생각하는 것을 스스로 해결하도록 도와준다. 결과적으로 이 지역에서 영유아 사망률이 현저하게 낮아졌다.

스타 마운틴 재활센터는 장애인들을 위한 돌봄 시설이며, 예루살렘에서 북쪽으로 약 25km 떨어진 팔레스타인 지역에 있다. 그곳은 독일 헤른후트 선교회의 지휘 아래 운영되는 형제단 사업이다. 헤른후트 형제단은 한센병 환자들에게 의료 서비스를 제공하기 위해 1866년에 처음으로 예루살렘을 방문했다. 그들이 예루살렘에 세운 병원은 현대적인 한센병 치료가 가능해진 1948년까지 운영되었다. 스타 마운틴은 병원 매각 대금으로 구입하였고 1979년에 새로운 사역, 즉 당시 팔레스타인에서 돌보는 사람들이 거의 없었던 장애아동을 위한 사업을 개척하였다. 시설에는 어린 아이들을 위한 유치원, 약 35명의 장애아동과 청소년들이 일상생활에 필요한 기술을 훈련받는 학교와 직업 훈련 학교가 있고 지역사회봉사 활동 프로그램이 있다. 대부분 가난한 무슬림 가정 출신인 장애아동과 청소년들을 위한 이 일을 스타 마운틴 재활 센터는 그리스도인의 사랑의 증표로 보고 있는데, 그것은 수십 년 동안 정의와 평화를 기다리고 있는 이 지역에 매우 필요한 것이었다. 그 학교의 초석에는 예수 그리스도의 말씀이 아랍어로 새겨져 있다. "수고하고 무거운 짐진 자들아, 다 내게 오너라. 내가 너를 쉬게 하리라."(마11:28).

7.8. 사회적 정치적 행동

자주 간과되는 선교의 한 가지 중요한 측면은 당대의 긴급한 사회적 정치적 문제들 해결하는데 교회가 참여하는 것이다. 그리스도의 나라 건설은 사회적 행동과 정치 참여의 차원을 포함한다. 사람들의 삶은 사회적, 정치적, 경제적 문제들에 영향을 받기 때문에 그리스도의 사랑을 베풀라는 부름에는 이러한 문제들을 다루는 일도 포함된다.

현대 헤른후트 형제단은 민주적 가치와 인권을 지키는 일에 헌신한다. 형제단은 구성원들에게 민주적 과정에 적극 개입하라고 격려하며, 다른 한편 특정 정치적 이슈에 대해 다른 견해가 교회 안에 있을 수 있음도 인정한다. 국가와 정부의 시민적 권위와 관련한 형제단의 접근법은 교회 규정에 자세히 나와 있다.

"헤른후트 형제단은 개인과 정부 또는 교회와 정부의 관계에 관한 성서의 통찰을 중요한 것으로 인식한다. 정부를 위해 중보기도를 하고 자기 나라의 시민 생활에 전적으로 또 적극적으로 참여하며, 할 수 있다면 기독교적 원리들이 공동체와 국가의 삶을 반드시 지배하도록 하는 것이 기독교인 개개인의 의무와 특권이다. 그러므로 우리는 국가가 우리에게 하나님의 뜻을 부정하라고 요구하지 않는 한 국가의 규정들을 준수할 것이다."(COUF 665조).

이러한 이해의 성서적 토대는 "그 도시의 평안을 구하라"(렘29:7), 정부 당국자들을 존중하라 (롬13:1-7), 갈등이 일어날 경우에는 인간의 권위보다는 하나님께 순종하라(행5:29)는 말씀에서 찾아볼 수 있다.

헤른후트 형제단은 사람들의 삶을 개선하고 사회 문제를 해결하고자 사회 변화를 위한 활동에 여러 가지 방식으로 참여한다. 결핍 상황 때문에 어려운 사람들에게 도움과 지원을 제공하는 것도 중요하지만, 먼저 그러한 결핍 상황을 초래하는 조건들을 변화시키는 것을 또한 과제로 인식하고 있다. 예를 들어 형제단은 HIV/에이즈 전염병이 발생한 지역에는 의료 서비스를 제공하고 고아가 된 아동들을 돌보기도 하지만, 전염병의 확산을 줄이기 위해 공중 보건 교육 프로그램과 기타 대책들을 제공하기도 한다. 종종 다른 교회나 지역사회 단체들 및 공공기관은 긍정적인 변화를 이끌어내기 위한 일의 중요한 파트너가 된다.

지난 역사에서 헤른후트 형제단은 신앙 때문에 수 차례의 억압과 박해 시기를 거쳐왔다. 특히 로마 가톨릭으로 개종하라는 요구에 직면했던 옛 형제단 회원들의 경우가 그렇다. 18세기에는 새 헤른후트 형제단의 많은 회원들은 평화주의자였고 따라서 무기 들기를 거부했다. 그 결과 그들은 어떤 지역에서는 처벌이나 퇴학을 당했다. 또한 헤른후트 형제단 선교사들은 서인도 제도 동부의 노예들과 연대했기 때문에 해당 지역의 교회나 국가의 당국자들과 갈등을 겪기도 했다.

정치적 저항과 행동의 예들은 헤른후트 형제단의 근래 역사에서도 찾아볼 수 있다. 남아프리카에서 형제단의 지도자들은 성직자들이든 평신도들이든 모두 1970년대와 1980년대에 인종 분리와 차별 체제를 극복하기 위해 타교단의 그리스도인들과 연합하였다. 미국의 헤른후트 형제단원들은 1960년대 민권운동에 참여했다. 동독에서 형제단원들은 1989년 베를린 장벽의 붕괴를 초래한 평화 혁명에서 중요한 역할을 하였다. 오늘날 헤른후트 형제단 지도자들은 세계 평화, 자원의 공정한 분배, 기후변화저지투쟁, 반(反)가정폭력 투쟁 같은 중요하고 긴급한 사회적 정치적 문제들을 다루지 않으면 안된다고 생각한다. 어떤 경우에는 헤른후트 형제단 지도자들과 공동체들은 신의 뜻에 따라 예컨대 인종차별, 경제적 착취, 소수 원주민 억압 같은 명백한 학대와 불의의 상황들에 반대하는 분명한 저항의 목소리를 낸다.

7.9. "선교는 우리의 정체성이다"

선교와 봉사는 교회로서 우리는 누구인가라는 인식의 중요한 부분이다. 다시 말해 그것은 우리의 바로 그 정체성의 본질적인 부분이다. 우리는 이 "위임"을 우리의 대표 장로이신 예수 그리스도로부터 받았다고 믿는다. 선교는 그의 것이지 우리의 것이 아니다. 그리스도께서는 우리에게 하나님을 섬기고 이웃을 섬기고 세상을 섬김으로써 그가 보여준 선교와 봉사의 모범을 따르라고 부르신다. 우리는 "사람들의 영적, 신체적, 경제적 필요들"을 돌봄으로 우리 이웃에게 의미 있는 방식으로 그 일을 하고자 한다(COUF 702조). 복음의 기쁜 소식을 증거하는 행위는 말로 (곧 설교와 가르침으로) 될 수 있지만, 치유, 급식, 돌봄, 관계 형성, 정의 추구 및 여러 가지 다른 방식의 도움행동을 통해서도 될 수 있다.

우리는 모든 지역의 국가들 안에서 선교 봉사의 기회들을 발견할 수 있음을 알고 있다. 그러므로 각 지역은 "그 회중교회들을 이러한 도전에 응하도록 일깨울 책임이 있다"(COUF 702조). 이때문에 생각하게 되는 것이 있는데, 그에 따르면 "헤른후트 형제단 교회는 수년동안 지구상의 어려운 지역들에서 봉사하라는 부름에 응답했으며, 그럼에도 주님께서 복음이 전파된 적이 없는 곳이나 지원이 필요한 다른 교회들이 있는 곳으로 인도하시면 이를 따를 준비를 갖추고 있다"(COUF 703조). 그러므로 우리가 받는 도전은 "주님을 섬기라는 부름에 일이 어떤 단계에 있든 응답할 준비가 되어 있는 사람들을 형제단 교회의 모든 부문에서 찾는"(COUF 707조) 것이다. 끝으로, 1988년 헤른후트 형제단 총회 성명이 우리 귀와 아울러 우리 마음을 울린다. "헤른후트 형제단의 각 지역은 국내 선교와 해외 선교 참여자가 되어야 한다"(COUF 708조). 선교는 우리의 정체성이다? 그것은 우리의 존재 이유이다!

토론을 위한 물음:
- 이 장에서 헤른후트 형제단의 선교에 관해 무엇을 배웠나?
- 과거에 헤른후트 형제단은 왜 죽음을 무릅쓰고 선교했는가?
- 헤른후트 형제단은 세계선교에서 어떤 원칙들을 따랐는가?
- 복음 전파와 사회 봉사, 어느 것이 더 중요하다고 생각하는가? 이유는?
- 당신은 오늘날 하나님의 일을 어떻게 하는가?

Resources:

Gallagher, Robert. "The Integration of Mission Theology and Practice: Zinzendorf and the Early Moravians." *Mission Studies* 25 (2008): 185-210.

Nielsen, W. Sigurd. *The Twin Blossom of the Pear Tree Bears Fruit: the History of the Moravian Church, Eastern Province, in South Africa*. Port Shepstone, South Africa, 1999.

Oldendorp, C. G. A. *History of the Mission of the Evangelical Brethren on the Caribbean Islands of St. Thomas, St. Croix, and St. John* (1770). Arnold Highfield and Vladimir Barac, translators and editors. Ann Arbor, Michigan: Karoma Publishers, 1987.

Schattschneider, David A. "The Missionary Theologies of Zinzendorf and Spangenberg." *Transactions of the Moravian Historical Society* XXII/iii (1975): 213-233.

Sensbach, Jon. *Rebecca's Revival: Creating Black Christianity in the Atlantic World*. Cambridge, Massachusetts: Harvard University Press, 2005.

Wright, Marcia. *German Missions in Tanganyika, 1891-1941: Lutherans and Moravians in the Southern Highlands*. Oxford : Clarendon Press, 1971.

결언

미래를 향한 제언

헤른후트 형제단의 역사는 550년이 넘었으며, 체코 쿤발트와 독일 헤른후트에서 작게 시작한 것이 국제적 교단으로 성장했다. 오늘날 헤른후트 공동체 회원들은 여러 언어로 예배드리고 서로 다른 나라 정부 아래서 살고 있다. 그러나 우리는 주님이신 예수 그리스도에 대한 헌신으로 함께 결속되어 있다. 우리는 이 해설서에서 수세기 동안 헤른후트 형제단에게 중요하고 독특했던 많은 "보물들"을 살펴보았다. 이 보물들은 죽음과 죄를 정복한 어린 양의 인도를 따르는 것이 의미하는 것에 대한 우리의 이해를 나타낸다. 그것은 헤른후트 형제단의 교단적 정체성의 중요한 부분이고, 우리 믿음의 조상들의 영적 지혜를 담고 있다.

다른 여러 기독교 교단들과는 달리, 헤른후트 형제단은 우리 교회만이 유일한 참된 교회이며, 우리의 예배 스타일만이 하나님을 찬송하는 유일한 길이라고 하거나 우리의 신학적 지식만이 완벽하고 불변의 것이라고 주장한 적이 한번도 없다. 실제는 정반대다. 헤른후트 형제단 교회의 강점 중 하나는 우리가 기꺼이 다른 문화에 적응하고, 다른 사람들에게서 배우고, 새로운 통찰력과 이해에 열려있다는 것이다. 이런 의미에서 우리는 이 해설서의 정보가 미래를 향한 여정에 유용한 지침과 자료가 될 것으로 기대한다.

이 해설서의 각 장에는 헤른후트 형제단의 전통에 대한 광범위한 정보가 약술되어 있다. 우리는 이 자료가 헤른후트 형제단의 일원이 된다는 것의 의미를 잘 이해하고 평가하는데 도움이 되기를 바란다. 독자들은 그리스도를 따르는 우리의 길이 신실하게 증거하고 봉사하고 헌신하며 앞서간 신자들의 오랜 역사에 뿌리두고 있음을 알게 되었을 것이다. 또한 국제적 헤른후트 형제단 안에 존재하는 다양한 관습과 경험들도 보았지만, 동시에 이것들이 공유한 뿌리들이 성서와 우리 역사에 뿌리박고 있음도 알았을 것이다. 그러므로 우리는 독자들이 우리가 다른 나라들의 우리 형제자매들과 무슨 공통점을 가지고 있는지 인식하는데 이 해설서가 도움이 되기를 기대한다. 더 나아가 우리 형제단의 보물들이 현재와 대화하고 미래에 관련성이 있는 것으로 입증될 능력이 있음을 볼 수 있기를 바란다. 주님은 많은 독특하고 가치 있는 보화들을 우리에게 맡겨 돌보고 보전하게 하셨고, 또 우리는 그것들을 선하게 사용하도록 부름받았다 (마25:14-30 참조).

이 해설서 기획이 아직도 진행중인 것은 의심의 여지가 없다. 우리는 헤른후트 보물에 대한 우리의 설명이 하나 빠진 것 없이 완벽하다고 주장하지 않는다. 아마도 일부 독자들은 자기들에게 중요한 헤른후트 형제단의 전통들이 빠졌다고 아쉬워할 수도 있고 또는 아주 짤막하게 언급된 주제들에 대해 더 알고싶어할 수도 있다. 시간과 지면이 제한되어 있어서 우리는 모든 지역에서 제공된 쓸 수 있는 정보를 다 포함시킬 수는 없었다. 다행스럽게도 헤른후트 형제단에 대한 책, 기사 및 디지털 자료들 등 이용할 수 있는 것들이 많이 있다. 이 자료들에 관심을 갖고 찾아봄으로써 계속 학습하는 것이 바람직하다. 팔레스틴 베들레헴의 모라비안 신학교 모라비안 연구 센터(the Center for Moravian Studies of Moravian Theological Seminary at Bethlehem, PA.)의 웹싸이트에서 찾아볼 수 있는 서지 목록과 디지털 자료가 좋은 출발점이 될 것이다.(www.moravianseminary.edu/center-moravian-studies/online-resources)

우리는 이 커리큘럼을 작성하면서 이것이 이 주제들에 대한 최종 기술이 되지는 않을 것이라는 의식을 갖고 있었다. 사실 우리는 모든 지역의 헤른후트 형제단들이 이 작은 책을 가지고 거기에 첨가하여 모든 지역의 관점과 목표가 보다 빈틈없이 반영되기를 진심으로 바란다. 몇 년후 교회가 성장하고 변화하면 그에 따라 이 커리큘럼도 커지고 바뀌기를 바란다. 우리는 형제자매들이 헤른후트 형제단 보물들에 대한 이 해설서를 어떻게 개정하고 증보시킬지 보고 싶다. 그리고 우리는 이 커리큘럼에 포함된 보물들이 형제단의 모든 지역과 신학교를 풍성하게 하고 복되게 하기를 바란다.

일치 문제

이 커리큘럼의 중요한 과제 중 하나는 우리의 지평을 넓히는 것이다. 헤른후트 형제단 교회는 5대륙 40개국 이상의 사람들을 포함하는 전지구적인 교회이다. 전지구적 단체인 우리 교회에서는 많은 언어들과 문화적 뿌리들 그리고 인종 배경들이 나타난다. 이런 이유로 우리는 전세계의 헤른후트 형제단 교회 내에서의 일치 문제를 여러번 언급했다. 우리의 공통점은 무엇인가? 우리를 묶어주는 것은 무엇인가? 이렇게 많은 차이점이 있다는 사실을 우리는 어떻게 다루는가?

이 질문에 대답하기 위한 우리의 접근방식은 일치를 균일성(모든 회원들이 유사한 펠로우십 형태)이 아니라 "차이/다양성 안에서의 일치"로 이해하는 것이다. 여기서는 서로 다른 배경과 경험을 갖고 서로 다른 삶의 길을 걸어온 각각의 사람들이 함께 모인다. 헤른후트 형제단 교회에서 우리는 우리 자신을 그리스도 안에서 형제자매들이 이룬 단체로 여긴다. 생물학적 가족관계에서 형제자매들은 같은 부모의 자녀들이기 때문에 공통점이 있지만, 모두 똑같지는 않다. 때로는 한 가족의 형제자매들일지라도 외모나 성격이 매우 다를 수 있다. 그렇지만 그들은 같은 가족에 속하고 출신이 같다는 동일한 정체성을 공유한다. 이와 비슷하게 거대한 헤른후트 형제단 가족은 다양한 지역, 회중 및 개인들로 구성되어 있다. 그들은 외관이 매우 다양하지만 그리스도 안에서 하나이다.

미래를 생각할 때, 헤른후트 형제단의 한 가지 중요한 과제는 일치와 다양성 사이에서 올바른 균형을 찾는 것이 될 것이다. 우리는 얼마나 긴밀하게 함께 일하기 원하는가? 우리는 얼마나 많은 자유를 서로에게 허용하는가? 이 도전적 물음들에 응답하려고 할 때 잊지 말아야 할 것은 성서가 이에 대해 무엇을 말하고 있는지 고려하는 것이다. 성서는 그리스도 안에서 이루는 우리의 하나됨/일치를 이해하는데 지침이 될 몇 가지 모델들을 제시하고 있다. 이것들은 그리스도의 몸 비유, 포도나무와 가지들 비유, 하나님의 가정 비유에서 볼 수 있다.

1. 그리스도의 몸

이 표상은 사도 바울의 서신에 자세하게 기술되어 있다. 그는 교회를 그리스도의 몸이라고 말한다. 고전 10:16-17에 따르면, 그리스도의 몸 안에서 일치를 이루기 위한 기초는 성만찬에서 그의 몸과 피를 상징하는 떡과 포도주를 통해 현존하시는 그리스도 자신이다. "우리가 축복하는 축복의 잔이 그리스도의 피에 참여하는 것이 아닙니까? 또 우리가 나누는 빵이 그리스도의 몸에 참여하는 것이 아닙니까? 빵이 하나이기에, 우리는 여럿이지만 한 몸입니다. 우리 모두가 하나의 빵을 먹기 때문입니다" 이 표상을 사용할 때 한 가지 중요한 점은 각 지체들 사이의 참되고 유기적인 연결성을 강조하는 것이다. 또 다른 한 가지 중요한 점은 모든 지체가 같지 않다는 사실을 인정하는 것이다. "한 몸 안에 많은 지체들이 있고 모든 지체들이 동일한 기능을 갖는 것이 아닌 것처럼, 우리는 여럿이지만 그리스도 안에서 한 몸이고 각기 서로의 지체입니다"(롬 12:4-5). 지체들의 다양성은 몸 안의 임무와 기능들이 다양함을 반영한다. 차이들은 필수적이다. 그래야 각 지체들이 다른 각 지체들의 필요를 채워줄 수 있다(고전 12:14-21 참조). 이와 마찬가지로 교회 안에는 여러 은사들이 있다. 그렇지만 그것들은 모두의 유익을 위해 사용되고 공동체를 세우는 일에 상호보완적이 될 때에만 유효하다. 몸의 하나됨/일치는 유사성이 아니라 사랑을 통한 연대에 달려 있다. "한 지체가 고통을 당하면 모두 그와 함께 고통을 겪습니다. 한 지체가 영광을 얻으면 모두 그와 함께 기뻐합니다."(고전12:26).

이 해설서의 1장과 2장에 설명된 바와 같이, 전세계 헤른후트 형제단의 여러 가지 모습들은 몸 이미지에 잘 부합한다. 그러나 위에 인용된 구절들이 전하는 성서의 메시지는 우리에게 또한 도전이 된다. 고려해야 할 몇 가지 질문들이 이렇다. 우리는 그리스도의 몸과 피를 나누면서 어떻게 교감을 나누는가? 각 지체들이 전체에 기여하는 독특한 은사와 기능은 무엇인가? 어떤 지체가 시련을 겪거나 승리했을 때 우리는 어떻게 서로 연대할 수 있는가?

2. 포도나무와 가지들

하나됨/일치를 위한 성서의 이 모델은 요 15:1~7에 있는 예수의 말씀에서 유래한다. 예수께서는 그의 제자들에게 이렇게 말씀하신다. "나는 참 포도나무이고,

내 아버지는 포도원 농부시다. 그는 열매 맺지 않는 내 안의 가지들을 모두 잘라 내신다. 열매 맺는 가지들은 열매를 더 맺도록 가지치기를 하신다. 너는 내가 네게 한 말로 이미 깨끗해졌다. 내가 네 안에 거하는 것처럼 너도 내 안에 거하라. 가지가 포도나무에 붙어있지 않으면 가지 스스로 열매를 맺을 수 없듯이, 너희도 내 안에 있지 않으면 스스로 열매를 맺을 수 없다. 나는 포도나무이고 너희는 가지다. 내 안에 거하고 내가 그 안에 거하는 사람들은 많은 열매를 맺는다. 나 없이 너희는 아무 것도 할 수 없다."

이 비유의 강조점은 가지의 다양성보다는 그리스도 자신이신 포도나무와의 지속적 관계가 중요하다는 데 있다. 게다가 거기에는 운동과 변화 같은 뉘앙스도 있다. 포도원 농부는 포도나무 가지가 충분한 열매를 맺도록 돌보고 있다. 여기에는 하나님 편에서 가지치기와 깨끗하게 하는 것도 포함되지만 그것은 영적 힘과 양분의 근원이신 그리스도 안에 거할 것을 요구한다. 이 점이 매우 중요하다.

포도나무와 가지의 표상이 예전에는 헤른후트 형제단 교회에 매우 중요한 상징이었다. 이를 보여주는 한 예가 정교하게 그려진 형제단 가계도 그림들이다. 이것들은 모든 형제단 회중 교회들과 선교 분야들이 그리스도이신 포도나무에 붙은 잎들과 얼마나 닮았는지 보여준다(1.3 참조). 우리 교회의 미래를 생각할 때, 교회의 일치/하나됨이 우리와 그리스도의 연결에서 얻어지는 열매라는 통찰을 인식하는 것이 특히 의미있는 것 같다.

우리는 얼마나 신실하게 그리스도와 연결되어 있는가? 우리는 우리의 신앙을 어떻게 양육하는가? 우리가 그리스도에게 뿌리박고 있다는 것이 무엇을 의미하는지 서로 나눌 수 있는 자리를 어디서 찾는가?

3. 하나님의 가정

헤른후트 형제단의 하나됨/일치를 이해하기 위한 이 성서의 모델은 거처할 곳이 많은 집 표상이다. 요한복음에서 우리는 예수께서 십자가에서의 죽음을 향해 가려고 하셨을 때 전 제자들에게 이렇게 말씀하셨다. "내 아버지 집에 거할 곳이 많다. 그렇지 않다면, 내가 너희를 위해 거처를 예비하러 간다고 말했겠느냐?"(요

14:2). 믿는 자들은 그들의 진정한 고향이 하늘에 있는 하나님의 집이라는 약속을 받았다. 이와 마찬가지로 에베소서는 모든 유형의 신도들이 하나님의 한 가정에 받아들여지고, 거기서 그들은 더 이상 낯선 자나 외국인이 아니라 성도들로 동료 시민이며 하나님의 가족의 일원이다(엡2:19). 집은 단 하나 밖에 없지만, 수많은 신도들에게 많은 방이나 거처를 제공할 만큼 충분히 넓다. 히브리서 13장 14절에서 분명히 알 수 있듯이, 하나님의 집은 지상의 어떤 곳과도 혼동될 수 없다. 그것은 앞으로 올 도시이며, 모든 신도들이 희망으로 기다리는 곳이다.

분명한 것은 하나의 교회가 된다는 것이 무엇을 의미하는지에 대한 우리의 이해가 하나님께서 앞으로 올 세상에서 참된 일치를 일으키실 것이라는 희망의 인도를 받아야 한다는 것이다. 희망으로 강해지는 것은 우리가 우리의 일시적인 교회제도에서 불가피하게 겪는 불화와 분열의 현상들을 직시하는 데 도움이 될 것이다. 희망으로 미래를 바라보는 것은 우리가 서로의 차이에도 불구하고 하나님의 집에서 거할 곳을 찾을 것이라는 하나님의 약속을 굳게 붙잡는 도전을 포함한다. 또한 우리는 비록 서로 다른 곳에서 왔지만 한 가정의 구성원으로 서로를 기꺼이 받아들일 수 있는가? 이 역시 도전이 되는 비전이다. 우리는 그리스도 안에서의 하나됨/일치가 앞으로 올 것인데 현재의 논쟁적인 이슈들을 넘어서서 그 일치에 대한 위대한 약속을 바라볼 준비가 되어있는가? 우리는 아버지의 집은 거할 곳이 많다고 하신 예수의 말씀을 반영하는 방식으로 우리 교회 안의 다양성을 수용할 수 있는가?

우리가 이 모델들의 개요를 기술한 이유는 그것들이 "차이/다양성 안에서의 일치"라는 어려운 과제를 다루는 데 중요한 성서의 자료라고 생각하기 때문이다. 흥미롭게도 이 성서적 표상들이 전하는 메시지는 헤른후트 형제단 교회의 지도원리, 즉 '본질적인 것에는 일치를, 비본질적인 것에는 자유를, 모든 일에는 사랑을'과 놀라울 정도로 부합한다(3.7 참조). 몸과 포도나무와 집의 표상들은 그리스도 안에서의 하나됨/일치를 나타내고, 차이와 다양성을 허용하며, 각 구성원들이 사랑의 정신으로 서로를 존중하고 받아들인다는 것을 의미한다. 이러한 것들을 염두에 두면, 우리가 앞으로도 헤른후트 형제단의 일치와 정체성을 간직하고 유지하는데 도움이 될 것이다.

나가면서

이 커리큘럼의 저자들은 헤른후트 형제단이 선교와 봉사로 세계에 독특하게 증거하고 있음을 목사들과 교사들과 학생들이 이해하는데 각 장의 모든 정보가 도움이 되기를 희망한다. 우리는 헤른후트 형제단의 각 지역들이 용감하게 미래를 바라보면서 서로 더욱 가까워지는데 이 커리큘럼이 도움이 되기를 바란다. 우리가 헤른후트 형제단의 오랜 전통들을 보존하든지 아니면 신앙의 새로운 표현들을 실험하든지, 우리는 우리가 누구이며 우리가 누구에게 속해있는지에 대한 적극적인 이해를 갖고 그렇게 해야 한다. 헤른후트 형제단은 그리스도에 의한 우리의 구속을 항상 송축했다. 그것은 우리가 주께 속해 있고 주를 섬기는 것을 의미한다. 모든 지역, 모든 회중, 모든 목회자, 모든 형제단에게는 이 시간과 장소에서 우리를 향한 주님의 뜻을 구하는 기쁜 과제가 있다. 그래서 우리는 우리 주께서 이 과제와 하나님의 영광과 우리 교회의 발전을 위해 이 커리큘럼을 사용하는 것을 축복해주시기를 비는 기도로 이 해설서를 끝맺는다.

우리의 어린양께서 승리하셨도다. 함께 주님을 따라갑시다!

AFRIKAANS: Ons Lam het oorwin. Laat ons Hom volg.

CZECH: Zvítězil Beránek náš, následujme jej.

DANISH: Vort lam har sejret: lad os følge ham.

DUTCH: Ons Lam heeft overwonnen; laten wij hem volgen.

FRENCH: Notre agneau a vaincu: suivons-Le.

GERMAN: Unser Lamm hat gesiegt. Lasst uns ihm nachfolgen.

MISKITU: Wan shipka luhpya pura luan: ai nina blikpi.

NEPALI: HAMRO THUMA VIJAY HUNU BHAYEKO CHA - UU-HALAI PACHHEYAO.

SPANISH: Nuestro Cordero ha vencido: sigámosle a El.

SWAHILI: Mwana kondoo ameshinda: tumfuate.

XHOSA: Imvana yethu yeyisile masiyilandele.

YUPIK: Qusngiyagaput Cirlakilleq: wangkuta maligglaut.

옮긴이

김상기: 독일 뮌스터대 신학박사, 한국디아코니아대학 교수
홍주민: 독일 하이델베르크대 신학박사, 한국디아코니아대학 교수